Ralf-Andreas Gmelin (Hrg.),
Correspondenzen
zum Bau der Ringkirche 3

Correspondenzen zum Ausbau der Ringkirche
Zweiter Quellenband
Ein monumentales Bau-Unternehmen
in Originaldokumenten 1894

Der Herausgeber, **Ralf-Andreas Gmelin**, (*1958) hat in Tübingen, Frankfurt am Main, Marburg und Mainz evangelische Theologie, Sozialwissenschaften und Germanistik studiert.
Er wirkt seit 2001 an der Wiesbadener Ringkirche als Pfarrer.

Correspondenzen zum Ausbau der Ringkirche
(Q 2)

Ein monumentales Bau-Unternehmen in Originaldokumenten 1894

Baustelle Ringkirche, Band 3,
herausgegeben und bearbeitet von
Ralf-Andreas Gmelin
BoD Verlag, Norderstedt, 2021

Baustelle Ringkirche

Band 1, der Textband, Ein monumentales Bau-Unternehmen,
von Ralf-Andreas Gmelin erscheint in gleicher Ausstattung im BoD-Verlag.

Band 2: Correspondenzen zum Bau der Ringkirche, Quellenband 1

Band 3: Correspondenzen zum Ausbau der Ringkirche, Quellenband 2

**Ein Personenverzeichnis
mit kurzen Charakterisierungen der für den Bau wichtigsten Personen befindet sich am Ende des ersten Bandes.**

Bibliografische Information der Deutschen Nationalbibliothek:
Die Deutsche Nationalbibliothek verzeichnet diese Publikation in der Deutschen Nationalbibliografie; detaillierte bibliografische Daten sind im Internet über http://dnb.dnb.de abrufbar.

Herstellung und Verlag: BoD – Books on Demand, Norderstedt

ISBN: 9783754308769

Inhalt: 1894, das letzte Halbjahr der Baustelle

F. Correspondenzen von Friedrich Grün

Neben den im ersten Quellenband dokumentierten Schreiben, die durch den Architekten der Ringkirche, *Johannes Otzen* und durch den Bauherrn, den Ersten Pfarrer der Evangelischen Gesamtgemeinde Wiesbaden, *Karl Bickel,* gesammelt wurden, findet sich im Archiv der Ev. Ringkirchengemeinde ein Ordner, der Schreiben enthält, die durch den zweiten Bauführer auf der Baustelle, *Friedrich Grün,* gesammelt worden sind. Leider handelt es sich ausschließlich um den Zeitraum kurz vor Ende der Baustelle, Juni bis November 1894. Die Themen der hier wiedergegebenen Dokumente finden z.T. auch Berücksichtigung im ersten Quellenband, aber es findet sich auch eine Menge Sondergut. Insbesondere bekommen wir einen Einblick in die Arbeit des zweiten Bauführers, der auch einmal ein Kompliment von Otzen bekommt! Es geht tatsächlich sehr viel persönlicher und detaillierter zu in dieser Sammlung von Briefen. So erfahren wir, dass *Otto Berg* mehr ist als ein Ausmaler von Otzenkirchen, sondern auch Vertrauter und Berater. *Otzen* wird *Friedrich Grün* gegenüber sehr viel offener schreiben, auch wenn ihn manches auf der Baustelle graust. Obwohl wir hier weniger von den konzeptionellen Fragen des protestantischen Kirchenbaus erfahren, treten uns doch Personen aus dem Dunkel der Geschichte hervor, wie der „arme Teufel" *Wilhelm Haverkamp*, von dem Otzen meint, dass er Hunger leidet. Auch die kleinen, distanzierten Briefchen von *Ernst Rittweger*, dem Bildhauer der Ritter vor dem Ostportal, von dem der Zweite Weltkrieg kaum noch eine Erinnerung zurückgelassen hat, geben ihm wenigstens ein blasses Gesicht. Da sie einen guten Blick erlauben in die hohe Komplexität einer solchen letzten Bauphase, sollen auch diese Archivalien hiermit zugänglich gemacht werden, obschon sie sicherlich weniger originell sind wie die Planungsfragen, die sich im ersten Quellenband finden.

Wiesbaden, 2021, Ralf-Andreas Gmelin

XIV. Von Eilguttransporten und Abschlagszahlungen. Juni und Juli 1894

Hermann Hasenohr, Bildhauer
an Bauführer Friedrich Grün
Dresden, 4. Juni 1894

Anbei sende ich Ihnen das gewünschte Verzeichniß der Modelle zu dem Orgelprospect. Die Modelle der mit Blei angezeichneten Teile sind vor längerer Zeit an Walcker und Co., Ludwigsburg abgesand. Die übrigen erst heute, da dieselben durch das lange Liegen erst wieder nachgearbeitet werden mußten.

Die Zahlung des Restes meiner Hauptrechnung sowie der letzten Rechnung über Schlußsteinmodelle sehe ich noch immer entgegen und wäre es mir lieb, wenn ich diese Beträge in diesen Tagen, womöglich bis Freitag erhalten könnte, ich habe bestimmt darauf gerechnet.

Würde es nützen, wenn ich mich an den Cassirer wende?
Hochachtungsvoll ergebenst,
H, Hasenohr

N.S. Kann ich Rechnung für Holzmodelle an Ihre Adresse senden?

Fritsche,[1] Architekt
an HerrnRegierungsbauführer Grün
Postkarte aus Berlin, 15. Juni 1894

---

[1] Arno Eugen Fritsche, vgl. S. 85.

7

Geehrter Herr!

Ich erinnere Sie an die Rücksendung des gestempelten Vertrages mit Berg. Außerdem muss ich bitten, Herrn Haverkamp[2] für seine Figuren[3] das genaue Maaß zwischen Baldachin und Capitälplatte zu senden, damit er das Hilfsmodell im richtigen Verhältnis ausführen kann. (1/2 d. nat. Größe p. Adresse Bildhauer Haverkamp <Berlin> S.W. Hagelberger Str. 12.

Besten Gruß, Fritsche, Architect[4]

W. Winter, Architekt und Steinlieferant
an die Bauleitung der III. ref. Kirche
zu Händen des Herrn Regierungsbaumeister Grün
Wiesbaden, 2. Juli 1894

Andurch erlaube ich mir ergebenst um eine Abschlagszahlung auf gelieferte Basalt- Lava-Steine zur Terrassen-Anlage im Betrage von 1.500 M. zu bitten.

Hochachtungsvollst, W. Winter

P.S. vom 10.-20. d.M. bin ich zu einer Übung nach Mainz einberufen

W. Winter, Architekt
an Regierungsbaumeister Grün
Wiesbaden, 3. Juli 1894

In höflicher Beantwortung Ihrer werthen Karte theile ich Ihnen mit, daß ich vorgestern geschrieben und heute morgen telegrafirt habe um Angabe, bis wann wieder Steine kämen. Sofort nach Empfang Ihrer Karte habe ich dieselbe nebst einer nochmaligen dringenden Aufforderung um rascheste Lieferung und Mittheilung der zu erwartenden Steine an meinen Lieferanten, Herrn Jos. Ohlig in Andernach gesandt.

---

[2] Haverkamp schuf die Evangelistenfiguren über dem Altarraum.
[3] Die o.g. Evangelisten.
[4] Mitarbeiter im Atelier Otzen.

8

Sobald Antwort eintrifft, werde ich Ihnen dieselbe persönlich überbringen.

Die Steine kommen aus den 4 Brüchen des p. Ohlig, welche sich zwischen Cottenheim-Niedermendig[5] und Mayen befinden. Ich meine, Sie sollten noch die Antwort auf Ihre von mir an Ohlig gesandte Karte abwarten.
Mit bekannter Hochachtung, Ihr W. Winter

P. S. von Andernach fährt man nach Cottenheim

A.Graff & Co.
an den Königl.Regierungsbauführer, Herrn F. Grün
Postkarte aus Londorf, 4. Juli 1894

Im Besitze Ihrer werten Karte vom 3. Juli theilen Ihnen ergebenst mit, daß wir gestern den avisirten Waggon abgesandt haben. Die 7 schrägen Eckquader werden wir als Stückgut senden. Sollte noch etwas fehlen, bitten um gefl. Mit-theilung, damit wir alles zusammen verladen können.
Hochachtend A. Graff & Co.

Maschinenfabrik W. Philippi,
an Regierungsbauführer Grün
Wiesbaden-Dambachtal, 5. Juli 1894

Hierdurch theile ich Ihnen höflichst mit, daß nunmehr die gesammte Heizungsanlage zum Betriebe fertig gestellt ist. Sie wollen gefälligst dafür sorgen, daß die Thüren und Fenster zum Heizraum in aller Kürze angebracht werden, da morgen meine Monteure den Bau verlassen und ich dann keine Verantwortung für die Bewachung der Anlage übernehmen kann.

Gleichzeitig theile ich Ihnen höflich mit, daß ich morgen beide Feuerungen anheizen lasse und Sie um gefl. Abnahme bitte.

---

[5] In Niedermendig gibt es bis heute, 2021, Basaltabbau.

Nach erfolgter Probeheizung wollen Sie mir gefl. den Rest meines Gutha-
bens oder eine Abschlagszahlung in annähernder Größe des Restes zur Zahlung anweisen.
Indem ich noch die restirende Rechnung nebst einem Contoauszug beilege,
zeichne ich
Hochachtungsvoll W. Philippi

Die Visitenkarte von Friedrich Grün.

*Auf der Rückseite hat er sich Auslagen notiert: „Depesche Wal-
cker 28/10 Wann kommt Spieltischmantel 50 Pfg.*

Kiste für Modelle 2 M.

Dienstmann Brodt   20 Pfg.

J. Otzen, Architekt
an Regierungsbauführer Grün
Postkarte aus Heiligendamm, 4. Juli 1894

Ich werde wahrscheinlich am 13. 14. 15. dort sein und werde versuchen, die Düsseldorfer Maler dorthin zu bringen. Habe Berg beauftragt, mehrere Gurtleibungsstriche anzusetzen. Genauen Termin meines Kommens kann ich erst am 9ten angeben, von welchem Tage an ich wieder zu Hause bin. Bitte alles möglichst umsichtig vorbereiten.
Gruß, Otzen

Robert Cauer, Bildhauer[6]
an das Baubüro der neuen ev. Kirche
Kreuznach, 4. Juli 1894

Einer Aufforderung des Herrn Pfarrers Veesenmeyer folgend, erlaube ich mir, Ihnen 2 Skizzen, darstellend Gustav Adolf und Wilhelm von Oranien, zu der auf den 7ten Juli festgesetzten Submission zu schicken und erkläre mich bereit, beide Figuren je 1m 80 cm hoch in Kreppacher Sandstein für 2000 Mark auszuführen und an Ort und Stelle zu liefern.
Hochachtungsvollst,
Robert Cauer, Bildhauer

AG Schäffer & Walcker[7]

---

[6] Offenbar hat man sich nicht für ihn, sondern für Ernst Rittweger aus Frankfurt entschieden.
[7] Die Firma Schäffer & Walcker wurde 1845 als Bronzegießerei in Berlin gegründet und ist seither ein deutsches Gießerei- und Sanitärunternehmen. Seit 1871 Aktiengesellschaft, stellte sie Gasbeleuchtungen, Gasheizöfen, Wasserleitungen und Werkstücke aus Zinkguss her. Seit 1881 führte die AG den Namen Actien-Gesellschaft Schäffer & Walcker. Februar 1888 übernahm die AG

an Herrn Regierungsbauführer Grün
Postkarte aus Berlin, 7. Juli 1894

Wir sandten Ihnen heute durch die Bahn auf Veranlassung des Professor Otzen, Hier,
1 Taufbecken, [8]
worüber unsere Rechnung nachfolgt.
Hochachtend
Actien-Gesellschaft Schäffer & Walcker.

Glasmalerei Victor von der Forst
an Herrn Regierungsbauführer Grün
Münster i. Westf., 9. Juli 1894

Ich beehre mich, Ihnen ergebenst mitzutheilen, daß heute Eilgut express V.v.d. F. 2327, 1 Kiste mit … an Ihre Adresse abgeschickt ist und wollen Sie die Scheiben gefl. einsetzen lassen.-

Die Absendung mußte sich leider verzögern, da eine Veränderung einzelner Theile nach persönlicher Rücksprache mit Herrn Architect Fritsche[9] in Berlin nothwendig wurde – ich bitte dies dem Herrn Geheimrath gefl. mitzutheilen.
Mit Hochachtung
Glasmalerei-Anstalt Victor von der Forst (Stempel)

Johannes Otzen
an Herrn Glasmaler Katz und Zentner

---

die Kunstgießerei Beyschwang & Beyer und erweiterte damit das Produktionsspektrum erheblich. Vgl. wikipedia, abgerufen 14.4.2021.
[8] Der Branche des Unternehmens entsprechend handelt es sich wohl nicht um den steinernen Taufstein, sondern um die metallene Abdeckung, die diesem aufliegt.
[9] Architektenkollege im Atelier Otzen.

Kunstgewerbliche Anstalt, Wiesbaden
Postkarte aus Berlin, 10. Juli 1894

Theile ergebenst mit, daß ich Ende dieser oder Anfang der folgenden Woche die vertragsmäßigen Proben in der neuen Kirche zur Abnahme vorfinden muß.

Ich ersuche Sie, sich rechtzeitig über deren Anbringung mit Herrn Reg. Bauführer Grün ins Vernehmen zu setzen. Umgebung etwas verdunkeln (?)
Hochachtungsvoll, Otzen

Glasmalerei Victor von der Forst
an Herrn Regierungsbauführer Grün
Münster i. Westf., 11. Juli 1894

Mein Ergebenes vom 9. und Kiste in Ihrem Besitz schätzend, empfange ich ... Mittheilung von Herrn Geh. Rath Otzen, daß die Probefelder vom 16. ct. ab zur Besichtigung eingesetzt sein sollen! –

Ich darf Sie wohl bitten, die Scheiben durch einen geeigneten Mann anbringen zu lassen und bin gerne erböthig, eventuelle Auslagen hierfür sofort zu vergüten.

Da die Einsetzung nur eine provisorische ist, so genügt ja eine einfache Befestigung.
Mit aller Hochachtung,
Glasmalerei-Anstalt Victor von der Forst (Stempel)

Emil Veesenmeyer
an Herrn Reg. Bauführer Grün, dahier
Wiesbaden., 11. Juli 1894

Angeschloßen übermittle ich Ihnen zu weiterer Veranlaßung (Stempelung, Übersendung an die Interessenten die Verträge mit:

1. Katz & Zentner, hier.
2. Victor von der Forst, Münster i. W.
3. Auerbach Co., Berlin

Wobei ich noch besonders darauf aufmerksam mache, daß nach unseren Verwaltungsvorschriften jeweils der Unternehmer die Stempelkosten zu tragen hat.

Der Vorsitzende der Baucommission
E. Veesenmeyer

H.C. Böhles, Maurermeister
an Herrn Regierungsbauführer Grün
Wiesbaden, 12. Juli 1894

Anbei offerire Ihnen das Betonieren des Fußbodens vom Glockenstuhl à ☐ m 2,50 Mk.
Hochachtend,
H. Böhles

Johannes Otzen, Architekt
an Regierungsbauführer Grün
Postkarte aus Wannsee, 13. Juli 1894

Geehrter Herr College, ich treffe Sonntag Vormittag zur Proben Correctur[10] auf dem Bau ein und fahre Nachmittags weiter. Komme aber Mittwoch auf 1-2 Tage zurück - bitte alles vorbereiten,
Otzen

Ich habe von der Forst und Auerbach veranlaßt, ebenso Katz die Fensterproben einzusetzen. Bitte dafür zu sorgen.

---

[10] Sonntag, 15. Juli 1894.

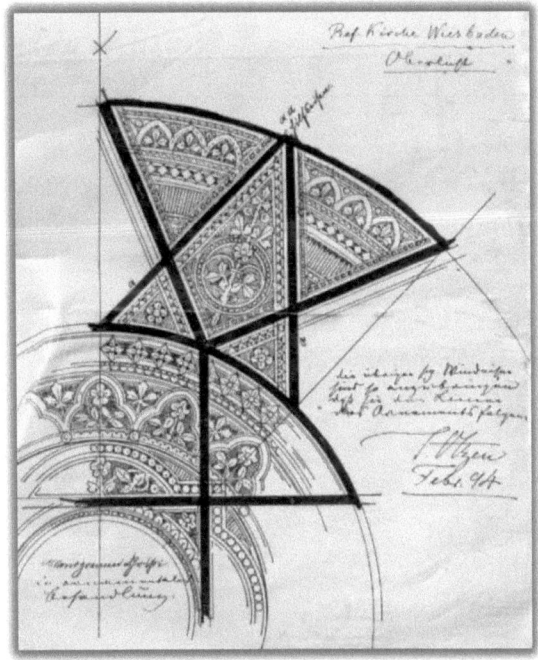

Originalvorlage aus der Hand Otzens, Tusche auf Transparentpapier, hier zur Gestaltung des Oberlichts vom Februar 1894.

Julius und Adolph Hartmann
an Herrn Regierungsbauführer Grün
Wiesbaden, 13. Juli 1894

Es wäre uns angenehm, wenn Sie nach Beendigung der Zusammenstellung über die Nacharbeiten der Vergoldungen an der Ringkirche uns eine Abschrift Ihrer Aufstellung ausfertigen lassen wollten oder uns Abschrift nehmen zu lassen zur gleichlautenden Buchung.

Unsere Aufstellungen ergaben

I.	Oelvergoldungen nach Vertrag und Abzug der Änderungen.	Mk. 1368, 06
II.	Die Nacharbeiten, Änderungen, Ausbesserungen Betragen	Mk. 1096, 80

III.	Verpackungen mit Watten etc. der einzelnen		
	Theile	Mk.	72, 31
	Gesammtbetrag:	**Mk. 2537, 17**	

Wir erhielten an Zahlungen:

Am 13. December 1893 gegen Quittung I	Mk.	900,00
Am 23. April 1894 gegen Quittung II	Mk.	600,00
zusammen	**Mk. 1.500,00**	

bleibt uns gut	Mk. 1037,17

Haben Sie die Güte, uns circa Mk. 600 anweisen zu wollen.
Hochachtungsvoll
Julius & Adolph Hartmann

Glasmalerei Victor von der Forst
an Herrn Regierungsbauführer Grün
Münster i. Westf., 13. Juli 1894

Antwortlich Ihrer geehrten Zuschrift vom 17. Will ich die Stempelkosten übernehmen und bitte um gefl. Einsendung des Vertrages.

Ich danke Ihnen für Einsetzung der Probefelder und theile Ihnen noch mit, daß 1 Kiste ... von Mulheim Rhn. an Ihre Adresse beordert ist, welche zum späteren Einsetzen Verwendung finden soll.
Mit Hochachtung
Glasmalerei-Anstalt Victor von der Forst (Stempel)

Münchener Glasmalerei Auerbach
an Herrn Baumeister Grün
Postkarte aus Berlin., 16. Juli 1894

Mit dem Behalt Ihres vor. Schreibens erklären wir uns völlig eiverstanden. Heute früh empfingen das Telegramm von Herrn Prof. Otzen. Die Felder werden bereits Sonnabends der Bahn übergeben, wir reclamierten heute früh dieselben und sandten dieselben per Eilgut mit versicherter Lieferfrist bis Mittwoch 18. an Sie ab.

Wollen Sie uns auch noch Empfang umgehend mitteilen, ob dieselben gut gepaßt haben, da sie bereits nach den neuen Schablonen angefertigt wurden.
Hochachtungsvoll
Münchener Glasmalerei M. Auerbach

Bildhauer Ernst Rittweger[11]
an Herrn Regierungs-Bauführer Grün
Frankfurt am Main, ohne Datum, vermutlich Juli 1894

Sehr geehrter Herr!
Ich erlaube mir, nur an Sie die Bitte zu richten, mir die Maße der Postamente, oder was noch zweckdienlicher wäre, eine Zeichnung (Pause) der Postamente mit Maßangabe zukommen zu laßen, da ich die Größe meiner ... darnach zu richten habe. Die Figuren sind angefangen und es wäre der Sache sehr förderlich, wenn ich möglichst bald in den Besitz der Maße kommen könnte; es ist immer unangenehm und mißlich, wenn bei fortgeschrittener Arbeit eines derartigen Punktes wegen, Änderungen vorzunehmen wären.
Hochachtungsvoll
Ernst Rittweger

Maschinenfabrik W. Philippi,
Herrn Regierungsbauführer Grün
Wiesbaden-Dambachtal, 16. Juli 1894, Einschreiben!
Höflichst Bezug nehmend auf mein Ergebenes vom 5. ds. nebst Faktura, möchte ich Sie höflichst bitten, doch gefl. veranlassen zu wollen, daß mir in den nächsten Tagen eine größere Abschlagszahlung angewiesen wird.

---

[11] Ernst Rittweger hat die beiden Ritter vor dem Ostportal geschaffen.

Indem ich hoffe, daß Sie meinem Wunsche entsprechen werden, zeichne ich
Hochachtungsvoll!
W. Philippi

Albert Laurk[12]
an Herrn Reg. Bauführer Grün
Berlin, 5. Juli 1894

In der Anlage beehre ich mich Ihnen eine Rechnung zu überreichen, zu welcher ich das Nachstehende bemerke:
Die Verträge betreffend Malerei und Glasmalerei habe ich in Verbindung mit dem Sergeanten Düring abgeschrieben; es entfallen dabei

auf den Vertrag	Auerbach	36	9 Bg.[13]
auf den Vertrag	v.d. Forst	40	10 Bg.
auf den Vertrag	Katz & Zentner	40	10 Bg.
auf den Vertrag	Berg	32	8 Bg.
			<u>37 Bg.</u>

Davon hat H. Düring laut Rechnung 21 Bg. geschrieben:
37 - 21 = 16 Bg.

Es ließ sich leider nicht so machen, daß einer bestimmte Verträge schrieb, sondern es mußte der Schnelligkeit wegen gemeinschaftlich gearbeitet werden.
Der Einfachheit wegen habe ich die Rechnung gleich quittiert und erbitte Übersendung des Betrages per Post.
Hochachtungsvoll,
Albert Laurk

---

[12] Der Adresse nach Kurfürstendamm 26, handelt es sich um einen weiteren Mitarbeiter des Ateliers Otzen
[13] Die Einheiten und die Währung bleiben kryptisch...

Zimmer- und Baugeschäft Wilh. Gail Wwe.
an Regierungs Baumeister Grün
Wiesbaden, 17. Juli 1894

Anbei erhalten Sie den gewünschten Musterbaken[14] der Kirchenbänke und möchte Sie hierdurch höflich bitten, daß baldgefälligst Ihre Entschließung, bezüglich des Beizens der Bänke zu treffen. Es ist bereits alles so weit fertig gestellt und müßte ich um den Ablieferungstermin einhalten zu können, umgehend dießbezüglich Bescheid haben.
Hochachtungsvoll!
W. Gail Wwe.

Albert Laurk
an Herrn Reg. Bauführer Grün
Berlin, 23. Juli 1894

Sie empfangen anbei:
Ein Schreiben an die Bau Commission und den Vertrag mit Herrn Berg und wollen Sie bitte nachdem Herr Berg[15] den neu angehefteten Verdingungs Auftrag unterzeichnet hat, beide Schriftstücke an die Bau Commission gelangen lassen.
Hochachtungsvoll, i.A. Alb. Laurk

---

[14] Baken im heutigen Sinne sind Sperrflächen; wir vermuten, dass es sich hier um ein Holzbrett handelt, das in geeigneter Weise gebeizt wurde, vielleicht mit mehreren Beiztönen. Man entschied sich für ein dunkles Grau.
[15] Otto Berg hat die Ausmalung der Gewölbe und Bögen unternommen.

Glasmalerei Victor von der Forst
an Herrn Regierungsbauführer Grün
Münster i. Westf., 13. Juli 1894

Im Besitz Ihrer geehrten Zuschrift vom 20. c. sowie avisierte Kiste, nehme ich die Arbeiten sofort in Angriff mit vorgeschriebener Abänderung und werde ich die Fertigstellung so beschleunigen, daß Ihrem Wunsch gemäß am 15. Aug. c. mit Einsetzen begonnen werden kann, mein Gehilfe beginnt am 1. Aug in Ludwigshafen und kann von da aus gleich Ihre Kirche mit erledigen.
Colorierte (?) Anschlüsse habe ich absichtlich an den Probefeldern fehlen lassen wegen der großen Zerbrechlichkeit; genaue Schablonen besitze ich. –
Mit Hochachtung,
Victor von der Forst

Philipp Holzmann
an Herrn Regierungsbauführer Grün
Frankfurt am Main, 18. Juli 1894

Beifolgend übersenden wir Ihnen gewünschte Altarzeichnung,
Hochachtend
Steinmetzabteilung (*Unterschrift*)

Glasmalerei Victor von der Forst
Postkarte an Herrn Bauführer Grün
Münster i. Westf., 20. Juli 1894

Für gefl. Übersendung des Vertrags bestens dankend, frage ich ergebenst an, ob eingesandte ...felder genehmigt sind, in welchem Falle ich um deren Rücksendung ... bitte, damit die Arbeiten in Angriff genommen werden können.

Gefälliger Antwort gewärtig zeichnet mit Hochachtung
Glasmalerei-Anstalt
Victor von der Forst (Stempel)

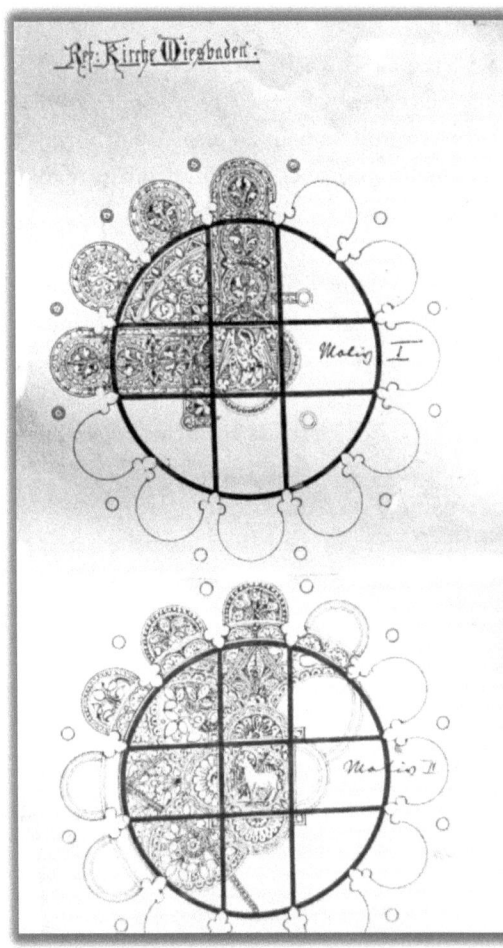

Die drei Glasmaler-Unternehmen, Auerbach, von der Forst und Katz und Zentner bekamen solche Entwürfe und sollten sie in Folge umsetzen. Die Proben wurden am 15. Juli provisorisch eingebaut und von Otzen abgenommen - oder korrigiert.

C. Theodor Wagner, Elektrotechnische Fabrik (Uhren)
an Herrn Regierungs-Baumeister Grün
Wiesbaden, 21. Juli 1894

Mit höflicher Bezugnahme auf die mündliche Rücksprache betr. das Zifferblatt für die Thurmuhr auf der Ringkirche theile ich Ihnen nachfolgend die gewünschten Preise ergebenst mit:

Für das von anderer Seite und Schieferplatten zu liefernde Zifferblatt, die Ziffern, den Minutenkranz und die Zeiger aus Kupfer echt vergoldet, sowie das Stunden- & Minutenwerk zu liefern und an dem Zifferblatt anzubringen einschließlich Bohren der Löcher & Beihülfe bei dem Einsetzen des Zifferblatts jedoch ausschließlich der Rüstungen: M 320,-

Ein Zifferblatt von ca. 2,15 m Durchmesser aus Kupferblech mit vergoldeten Ziffern, Minutenkranz & vergoldeten Zeigern nebst Stunden- & Minutenkranz zu liefern & anzubringen ausschließlich der Rüstungen
                                                            M. 335,-
Die Ziffern und der Minutenkranz für das Zifferblatt aus Schieferplatten könnten auch anstatt aus Kupferblech ohne Änderung des Preises aus stärkerem Messingguß hergestellt werden. Diese Ausführung möchte noch mehr zu empfehlen sein, weil sich die Ziffern & die Minutenstriche besser von der Schieferplatte abheben & ebenso dauerhaft sind als solche aus Kupferblech.
Hochachtungsvoll + ergebenst
p. Carl Wagner

Umseitige Bemerkung von Friedrich Grün:

Zur Ausfolgung gewählt ist wegen seiner absoluten Dauerhaftigkeit ein Zifferblatt aus Schiefertafeln
Zu den vorseitig auf   M. 320,-

veranschlagten Kosten für Ziffern, Zeiger, Stunden- und Minutenwerk wird
kommen ca. 3,5 qm des Zifferblatts aus 3 cm starken Schieferplatten
Anzuliefern à 12 M   M. 12,-
Für Anbringen eines Gerüstes und Befestigen der Schieferplatten mit bron-
zenen Bolzen   M. 80,-
Wiesbaden, 23. Juli 1894,
F. Grün, Reg. Bfhr.

E. F. Walcker & Cie., Orgelbau,
an Herrn F. Grün
Ludwigsburg, 23. Juli 1894

Antwortlich Ihres Geehrten vom 20. ct. übersenden wir Ihnen die gewünschten Zeichnungen & teilen Ihnen mit, daß die Modelle heute per Eilgut an Sie abgegangen sind.
Hochachtend
O. Hailer

Münchener Glasmalerei Auerbach
an Herrn Baumeister Grün
Berlin., 24. Juli 1894

Den Vertrag haben wir erhalten, jedoch unsere Proben noch nicht, wogegen
uns Mk. 8 – 10 gutbringen wollen für die Proben, die wir unfranciert irr-
tümlicherweise erhalten und heute sofort an Gl. Victor v.d. Forst, Münster
i. W. abgesendet haben. Wir haben als Tag der Lieferung vorigen Montag H.
Prof. Otzen den 22. August angegeben. Da wir auch heute noch nicht im
Besitz der Proben sind, und oh-ne dieselben nicht beginnen können, so wird
sich der gestel-lte Termin um mehrere Tage bis zum Erhalt der Proben ver-
schieben. Des Herrn Prof. Otzen haben wir für alle Teile des Oberlichts genau passende (57) Rah men aus 16 mm breiten Flacheisen mit Drahtgitter
anfertigen lassen. Der Preis beträgt M. 220 netto. Die Rahmen werden

Ziervignette der Firma Glasmalerei Auerbach, München (Berlin)

nach Ihren Schablonen gemacht und schmiegen sich demnach genau der Eisen-Construction an. Den Preis bitten uns gefl. bestätigen zu wollen.

Unerhört finden wir es, daß Herr von der Forst uns nicht sofort zum Eilgut unsere Proben zugestellt hat.

Die Schweißwasserrinnen bitten wir nach Ihrem Gutdünken anzubringen.
Ihnen für Ihre Mitteilungen bestens dankend, zeichnen
Hochachtungsvoll
M. Auerbach & Co.

A.Graff & Co., (Steinlieferant Basaltlava, Hartbasalt, Sandstein)
an den Königlichen Regierungs Bauführer, Herrn Grün
Londorf, 24. Juli 1894

Im Besitze Ihres Geehrten vom 17. ct. theile ich Ihnen ergebenst mit, daß wir uns bei Lieferung der Schichtsteine[16] an die veranschlagten 150 qm gehalten haben und bitten um gefl. Mittheilung wie Sie über die überzähligen Schichtsteine verfügen wollen, da wir doch den Verlust nicht tragen können.

---

[16] Die Verblendsteine aus Basalt, die um die gesamte Terrasse die eigentliche Umfassungsmauer verkleiden.

Ihre uns gesandte Zusammenstellung der Schichtsteine zur Terrasse haben wir durchgesehen und erfahren aus derselben, daß der Qm. Schichtstein nicht im fertigen Mauerwerk aufgenommen ist, was wir bei unserer <Berechnung> zu Grunde legten.

Auf gelieferte Steinhauer - Arbeiten baten wir bereits am 29. Juni, um ... Überweisung von M. 850. –, welche Bitte wir hiermit wiederholen.
Hochachtungsvoll
A.Graff

W. Winter, Architekt und Steinlieferant
an Herrn Regierungs Baumeister Grün
Wiesbaden, 24. Juli 1894

In höflicher Erwiderung Ihres werthen Briefes vom 23. d.M muß ich Ihnen mittheilen, daß von den 4 von Ihnen gewünschten nachzuarbeitenden ...stücken 3 nachbearbeitet wurden (nichtbetr. 1 Stück), und das 4. auf Ihre ausdrückliche Genehmigung hier unterlassen wurde und zwar weil Bosquets[17]dort angepflanzt werden!
Die Steine wurden wie verlangt glatt angeliefert und daß sie im Versetzen vorgestellt wurden, ist ja nicht meine Schuld.

Die 2 Köpfe an den kleinen schrägen Ecken der Traufanpflastertritte werden soeben nachbearbeitet. Ich ersuche noch um gefällige Angabe des Radius und des Profiles der Bordsteine, sowie der Länge derselben
Hochachtungsvollst
W. Winter

P.S. Die 2 Wangenstücke Decksteins sind auf dem Baubüro für 1,43 m Länge richtig erachtet worden und müssen nun in Wirklichkeit 1,37 m lang sein!

---

[17] Boskett, kleines Gehölz, Wäldchen. Nach Meyers kleinem Konversationslexikon, Leipzig und Wien, 1893

A.Graff & Co., Gießen und Londorf
an Herrn Reg. Bauführer Grün
Giessen, 25. Juli 1894

An die unangenehme Differenz mit dem überschüssigen Wege Steine mit Ihnen zu bezeichnen und auszugleichen, wird am Freitag, den 27ten Ms. unser Herr ... Graff sich bei Ihnen einfinden und bitten wir, denselben Nachmittags 3 Uhr etwa gütigst zu erwarten.
Hochachtungsvoll,
A.Graff & Co.

Vielleicht wird sich machen lassen, daß der Besuch schon Vormittags – gegen ¾ 12 – stattfinden kann.

Zimmer- und Baugeschäft Wilh. Gail Wwe.
an Herrn Regierungs Bauführer Grün
Wiesbaden, 26. Juli 1894

Höflichen Bezug nehmend auf die letzteUnterredung mit H. Otto Gail, erlaube mir, Ihnen folgende billigste Offerte zu machen:
8St. Fensterrahmen aus 42 mm/ W. Eichenholz mit Falz & Holzleisten zur Aufnahme von Bleiverglasung & einseitig profilierten Eckleisten auf den Rahmen, fertig eingesetzt, ausschl. Befestigung mit Steinschrauben –
M. 86,-
Ihren geschätzten Auftrag sehe gerne entgegen,
Hochachtend!
W. Gail Wwe.

Ernst Rittweger, Bildhauer.
an Regierungs Bauführer Grün
Sachsenhausen – Frankfurt am Main, 26. Juli 1894

Sehr geehrte Herren!
Indem ich Ihnen meinen besten Dank für Ihre freundliche Benachrichtigung ausspreche, erlaube ich mir, Ihnen mitzutheilen, daß ich am nächsten Samstag Vormittag gegen 11 Uhr in Wiesbaden eintreffen werde, um mich mit den dortigen Wünschen und Vorbehalten bezüglich der beiden Figuren näher bekannt zu machen, um denselben in geeigneter Weise gerecht werden zu können.

Inzwischen verbleibe ich mit
Vorzüglicher Hochachtung, Ihr ergebener
Ernst Rittweger, Bildhauer

Johannes Otzen, Architekt
an Herrn Reg. Bauführer Grün
Berlin, 28. Juli 1894

Benz werde ich antreiben, aber im Übrigen haben <u>Sie</u> mir den schlimmsten Streich gespielt, da Sie die Auerbachschen Oberlichtsproben an v.d. Forst gesandt haben. So daß wir bis heute nicht in Besitz kommen konnten und A. sich nun natürlich weigert (mit Recht), seine Verträge zu erfüllen. –

Was nun eigentlich werden soll, weiß ich nicht, da ich nicht mehr im Stande sein werde, getreulich die Oberlichtsprobe zu nageln.

Lassen Sie sich doch erst die neuen Katz'schen <Entwürfe> unter den Emporen im ersten Exemplar zeigen, bevor er fabriziert.
Ich lasse jetzt die Probe Kandelaber und Wandarme hier machen, die Beschläge sind fertig. ...
Otzen

Auf der Rückseite:
Da die Damen[18] noch immer nicht dahier ... sich entschieden haben über den Triumphbogen wird dieser voraussichtlich zuletzt fertig.
Rüsten Sie es so ein, daß Sie es
a.   die Räume unter den Emporen
b.   die drei Emporen frei und farbig machen,
dann die Mitte, sodaß an allen Stellen – mit großer Kraft an den Tischler Arbeiten geschafft werden kann. Der Kaiser wird wohl nur eine (Weile?), wenn er es am 16.ten Vormittag 9 oder 10 Uhr kommen kann.[19] Ich schreibe ihm sowieso nach Cannes und werde ihn meinerseits auch bitten.

Otto Berg, Kirchenmaler
an Herrn Reg. Bauführer F. Grün
Berlin, 28. Juli 1894

Anbei erhalten die Abschrift des Anschlages unterschrieben zurück.
Hochachtungsvollst
O. Berg
Meine Adresse ist:
Berlin S.W., Wartenburgsstraße 14

Döringer & Ehrich, Kunstmaler[20]
an Herrn Reg. Bauführer F. Grün
Düsseldorf, 28. Juli 1894

---

[18] Sponsorinnen z.B. die Generalin Marie von Grolmann; vgl. 8.11., S. 133.

[19] Donnerstag, der 14. August 1894, vielleicht im Zuge einer Feierstunde zum 50jährigen Bestehen des Königlichen Gymnasiums? Ob es dazu gekommen ist, konnte nicht festgestellt werden.

[20] Bruno Ehrig und Wilhelm Döringer sind Schüler von Eduard von Gebhardt, Düsseldorf.

Mit bestem Dank für die übersandten Maaße der Kanzel..., bemerken wir, daß es gut wäre, wenn die Wandflächen, auch die oberen *(zeichnerische Darstellung eines Dreipass)* (da die Bilder nun nicht Skafitto werden)[21] baldmöglichst verputzt werden.

Ganz ergebenst

W. Döringer, Ehrich

Glasmalerei-Anstalt Victor von der Forst
an Herrn Reg. Bauführer Grün
Postkarte aus Münster i.W., 28. Juli 1894

Auf Ihre Karte erwidere ich Ihnen ergebenst, daß die Kiste an Auerbach am 24. ct. Fracht abgeschickt wurde; nicht per Eilgut, weil Sie im Telegramm nichts davon erwähnten und ich glaubte, dem Mann die doppelten Frachtkosten ersparen zu lassen.

Mit Hochachtung

Stempel

Johannes Otzen, Architekt
an Herrn Reg. Bauführer Grün
Berlin, 30. Juli 1894

Ich habe hier wundervolle Reflectoren gefunden. Sende Ihnen Prospect bei. Gleichzeitig habe ich der Firma mitgetheilt, daß sie Ihnen direct etwaiges Angebot dort oder Frankfurt aufgeben möge. Voraussichtlich werden entweder No. V.[22] 40 cm oder VI. 40 cm Verwendung finden. Die nachstellbaren Halter für V.[23] finden Sie unten auf dem Blatt. – Geben Sie – wenn die

---

[21] Döringer und Ehrich haben die Wandbilder der Kanzelkapelle und die beiden Dreipässe auf der Orgelempore in Sgrafitto-Technik bemalt; als Neonazarener waren sie eigentlich eher Spezialisten für sehr farbige Anlagen...

[22] Die bezogenen Bezeichnungen stammen aus dem Propekt von Otto Schumann, Berlin für „doppelwandige Hohlglas Reflektoren"

[23] Eine Eisenkonstruktion für je 3 Mark.

Reflectoren in Berlin bestellt werden müssen, der Firma genau Zeichnung der Gasanlage und Flamme nebst Cylinder auf.

Wenn der Versuch mit nützen soll, muß die Anlage sehr überlegt sein. Die Reflectoren müssen wohl sehr schräg stehen und daher möglicherweise nach dem System IV gewählt werden. Eventuell lassen Sie sich 2 verschiedene schicken, nachdem Sie durch Zeichnung möglichst genau festgestellt haben, wie die Wirkung am besten zu liefern ist.

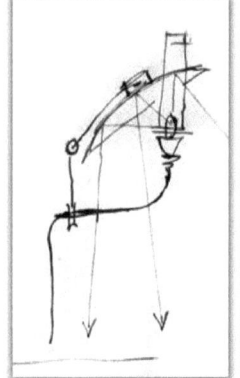

Aus dem Prospekt der Firma Otto Schumann, Berlin. Typ V. ganz rechts. Otzen plant hier eine Gaslampen-Fassung für die Beleuchtung durch das Oberlicht, vgl. die Handskizze Otzens links.

Zu sehen ist unten eine Gasleitung mit Brenner und Zylinder, deren Licht von einem Reflektor durch die Bodenöffnung unten in die Kirche gestrahlt wird.

Orgel Prospect

Soweit mir bekannt, ist der Tischlermeister nur verpflichtet, die sichtbaren Hölzer aus Eichenholz zu machen. Dies heißt nun allerdings nicht etwa aufgeleimte Fladen bis zur Hausmitte (?). Wenn Hölzer zusammengesetzt werden, so haben Sie darauf zu achten, daß die Leimfuge nur Mittel zum Zweck ist und daß sie durch Schrauben so ausreichend unterstützt ist, daß die Leimfuge caput gehen kann, was in einer Kirche mit absoluter Sicherheit innerhalb 10 Jahren der Fall ist. **Der Ihrige, Otzen**

Zimmer- und Baugeschäft Wilh. Gail Wwe.
an Herrn Regierungs Bauführer Grün
Biebrich, 30. Juli 1894

Neubau der Ref. Kirche
Höflichen Bezug nehmend auf unsere letzteUnterredung theile Ihnen erge-
benst mit, daß bis heute noch kein Lackirer hier war, um die Füllungsbrett-
chen[24] zu dem Kirchengestühl zu beizen. Ich bin daher immer noch an dem
Fortarbeiten der Bänke gehindert.
Hochachtend!
W. Gail Wwe.

Ferd. Paul Krüger, Kunstschlosserei
an Herrn Königlichen Regierungs Bauführer Grün
Wiesbaden, 30. Juli 1894

Antwortlich Ihrer werthen Karte vom 28. d. M. lasse ich morgen alle Beschläge an Herrn Hirsch abgehen, so daß die Sendung in einigen Tagen dort
eintreffen wird. Nur die Langhespen Bänder[25] fehlen noch, weil ich dafür
noch keine Maaße besitze. Nach Empfang der letzteren kann ich diese Bänder auch sehr bald liefern. Die Arbeiten nach den zuerst erhaltenen Zeichnungen sind schon seit 5 Wochen fertig, doch da es bisher wohl nicht so

---

[24] Die Kirchenbänke der Ringkirche bestehen aus massiven Rahmen, in die jeweils pro Sitzplatz eine mit Sitzmulde verformte Spanplatte eingepasst ist.
[25] Türbeschläge zur Befestigung der Türen am Rahmen.

eilte, so behielt ich dieselben noch hier, um nunmehr Alles zusammen zu schicken.

Hoffentlich kommen die Beschläge zur rechten Zeit dort an und gewiß wird auch Alles zu Ihrer Zufriedenheit gearbeitet sein.

Hochachtungsvoll
Ferd. Paul Krüger

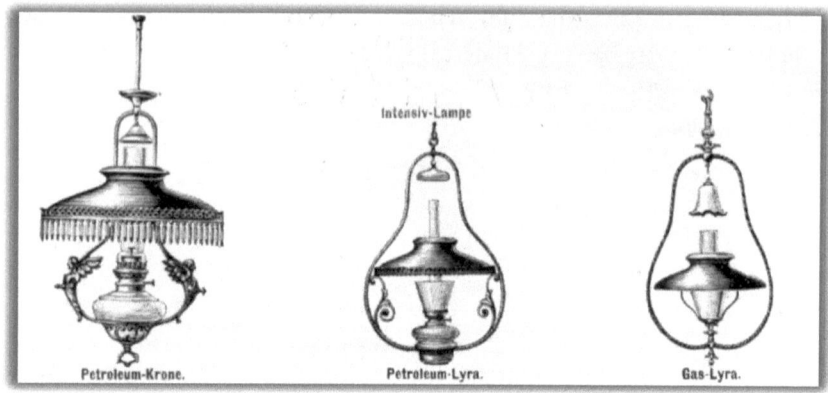

Prospekt der Fa. Schumann

F. Butzke & Co., Aktiengesellschaft für Metall- Industrie
Herrn Kgl. Reg. Bauführer Grün
Berlin S., 31. Juli 1894

Auf Veranlassung des Herren Professors Otzen, hier, erlauben wir uns unter Übersendung eines Prospects über unsere Otto Schumann'schen patentirten doppelwandigen Hohlglas-Reflectoren, Ihnen mitzutheilen, daß Sie diese Reflectoren bei der Firma Paul Begas & Co., Frankfurt a/M. Große Eschenheimerstraße 17 beziehen können und empfehlen uns

Hochachtungsvoll
F. Butzke & Co *(Stempel)*

Das ausgeführte Nordfenster:
Das Herzfeld zeigt Buch und Kelch
als Symbole für Wortverkündigung und Sakrament.
Sie verbinden mit der Ewigkeit,
dargestellt von einer blauen Aureole.

Das einzige bekannte Bildnis des einen Posaunenengels auf dem Orgelprospekt der Ringkirche. Ausschnittsvergrößerung von einem Lichtdruck aus Johannes Otzens „Ausgeführte Bauten".

Wie hier nachgewiesen aus gelbem Steingut mit gedrehter Posaune. (Der Herausgeber wünschte sich einen hölzernen geschnitzten Nachfolger).

XV. Posaunenengel und Orgelfarben, August 1894

A.Graff & Co., Gießen und Londorf
an Herrn Reg. Bauf. Grün
Postkarte aus Giessen, 1. August 1894

Wir bitten um Ihre gefl. Mittheilung betreffs Unterbringung der überschüssigen Steine. Sollten ferner Pflastersteine unseres schönen Rauhbasalts / Dolerit[26] gewünscht werden, so sind wir gerne bereit zu liefern. Im Übrigen wird ja wohl die beauftragte Anweisung erfolgt sein. – Es ist schwierig, die Schichtsteine auch hier zu verkaufen; es wäre uns angenehm, möglichst genaue, den Quadratinhalt, der im Ganzen gebraucht ist und den noch erübrigte zu wissen. Vielleich haben auch G. Groh & Co in Castel Verwendung oder es wird in dortiger Nähe in eine kleine Futtermauer[27] ausgeführt. Wir bitten Sie, die Sache im Auge zu behalten.
Hochachtungsvoll
A.Graff & Co.

Johannes Otzen
Herrn Königlichen Regierungs Bauführer Grün
Berlin W. 50, 4. August 1894

Beiliegend zurück
- a. 15 Stück   acceptirter Rechnungen
- b. 2 desgl.   Hasenohr mit betr. Bemerkungen sind mir dann

---

[26] Basaltähnliches dunkelgraues subvulkanisches Gestein.
[27] Stützmauer, um die Terrasse zu stabilisieren.

nochmals vorzulegen.[28]

c. Die Pause des Altarfußbodens nebst 6 Steinchen für d. <u>Terrazzo</u>. Hierzu bemerke ich, daß es natürlich schwer ist, ... nach kl. Steinchen die Wirkung zu bestimmen; ich vermute, daß es so gut wird und bitte für möglichst ruhige Gesammtwirkung zu sorgen.

d. So weit ich erinnere, war bestimmt, daß im <u>Altar Podium</u> hinten und vorne innerhalb des Stufenkranzes mit Linoleum ausgelegt (geklebt) werden sollte.

Ich schlage – in diesem Falle vor: (Zeichnung v. unten n. oben mit Backsteinpflaster, Cementestrich, Linoleum.) Bezüglich der Linoleum Befestigung müssen Sie mit der Agentur verhandeln. Die Fabriken haben einen vorzüglichen Leim, vielleicht aber lassen Sie den Stoff auch in eine dünne Laminatschicht darunter.

Ich halte es für besser, erst den Estrich trocknen zu lassen und dann mit dem Leim einfügen.

Die beiden <u>Engelfiguren</u> können Sie direct von Rother in Liegnitz beziehen, aber – schleunigst. Eventuell, wenn die Anfertigung nicht mehr möglich, bitten Sie ihn aus seinem etwaigen Bestande abzutreten, wenn die Farbe auch roth ist. Zwei kleine Posaunen lassen Sie dazu fertigen von Drechsler.

e. <u>Orgelgehäuse</u>. Die Füllungen sind wie nebenstehend construiert (Skizze).

f. <u>Pfostenmaterial</u>. Den vorderen freistehenden Pfosten aus mehreren Stücken zwischen 3 laimen ist unzulässig – und anders läßt es sich nicht machen. Zulässig dagegen nach der Montage erscheint, wenn beide Theile durch Leim durch Schraubbolzen oder durch gef. Niete verbunden werde.[29]

---

[28] Die hübscheste Rechnung im Fundus, weil Hasenohr alle seine Modelle skizziert hat. Sie Seite 37.

[29] Trotz zweier kryptischer Zeichnungen wird nicht klar, um welche Pfosten es sich handelt und welche Anleitung Otzen erteilt...

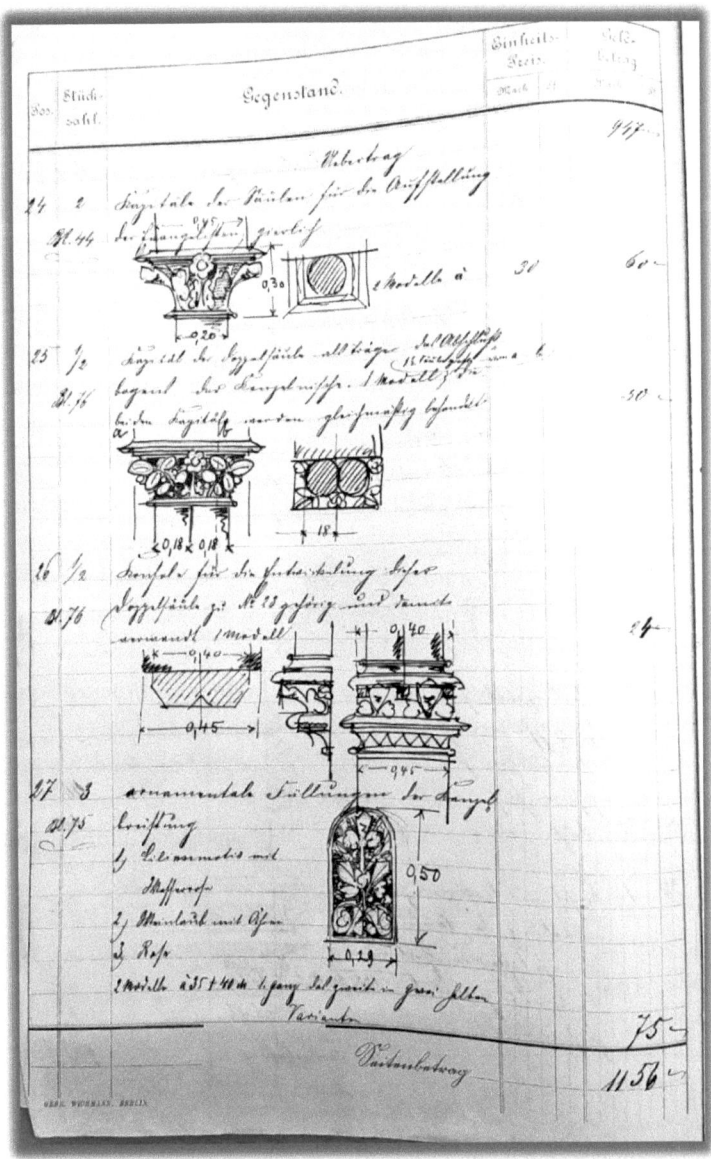

Die Rechnung von Hermann Hasenohr, Dresden.

g. Die Eichenholzthüren im Äußeren werden wie die Bänke behandelt, aber etwa halb so dunkel. Den letzten Lack bitte aber erst 3-4 Tage vor Einweihung geben zu lassen.

h. <u>Sacristeithür.</u> Leider ist die Angelegenheit letzt in der Bau-Commissions-Sitzung vergessen. Ich bin einverstanden mit dem Vorrücken des Thür Rahmens bis an den Sandstein; es würde mehr an jeder Seite rd. 5 cm weggestemmt werden.[30]

Ich sende die Zeichnung ein, sobald ich die Kasten erkundet und werde versuchen, die Thür von dem Damencomitee[31] zu erhalten, welche leider den 7 Figurenbogen abgelehnt hat. Geben Sie mir baldthunlichst genaue Maaße der Höhen. Es wäre gut, wenn die an sich schon niedrige Thür bis a *(Bogenmitte nach Zeichnung)* ganz aufgeht. Dazu gehört aber ein ausgestemmter Bogen bis b *(Bogenmitte für den Türrahmen).* Ist dies möglich? Oder was ist möglich?

i. <u>Fenster unter den Emporen.</u>

So weit ich erinnere, war die Sachlage wie untenstehend skizziert. Da wäre der einfachste und beste Weg wohl der neben stehende, so daß im Inneren kein Holz, sichtbar wird.

k. Die <u>Figuren der Kanzelwand</u> werden in bestem Olsbrücker Stein, natürlich möglichst gut gewählt ausgeführt.

Ich hoffe, daß ich die beiden fehlenden Modelle bald senden kann. Wer macht sie? Die Modelle sind sorgfältig zu schauen und zurück zu liefern. Wenn sie zertrümmert werden, muß der Bildhauer sie extra bezahlen.

l. Wie steht es mit den ...figuren?

m. So weit ich übersehe, sind nur 2 Böden von Pos. 79 herzustellen von pos. 118 □ in der 3te untere ist ja gewölbt.[32]

---

[30] Vielleicht ist hier die Tiefe der Stufe zwischen Sakristeitür und Sakristei gemeint?

[31] Wiederum ein Hinweis auf die „Frauen und Jungfrauen Wiesbadens", die Spenderinnen z.B. des Altars und des Silbergeräts.

[32] Da der Bezug fehlt: Architektenchinesisch!

Sorgen Sie aber, daß der Glockenstuhl nirgends die Balken und Bretter berührt, sondern frei schwingt.

Der Ihrige, Otzen

August Zintgraf, Wiesbadener Eisengießerei
an die verehrliche Bauverwaltung der Ringkirche
Wiesbaden, 6. August 1894

Für Ihre gefl. Anfrage bestens dankend, erlaube ich mir Ihnen ergebenst zu offerieren,

85 Säulchen[33] Zeichnung No. 1 m.   16,11.-
83 Säulchen nach Zeichnung No. 2   4,00.-
per Stück im Rohguß.

Ich bitte um gütige Ertheilung Ihres geschätzten Auftrages und empfehle mich
Hochachtungsvoll!
August Zintgraf

Ferd. Paul Krüger, Kunstschlosserei
an Herrn Bauführer, F. Grün
Berlin, 7. August 1894

Im Auftrage des Herrn Professor Otzen, hier, habe ich für den dortigen Kirchenbau einige Probestücke von Beleuchtungskörpern in Arbeit, die nächste Woche fertig und nach dort gesandt werden sollen. Es sind dies:
1 Kandelaber f 5 Fl.
1 Wandarm für 2 Fl.
1 Wandarm f. 1 Fl.
Und zwar sollen dieselben mit Gasglühlicht fertig...[34]versehen werden.

---

[33] Ob das die Pfosten für die Terrassenbegrenzung sind?
[34] Die Seite ist rechts eingerissen und ausgefranst. Darum fehlen immer wieder Passagen dieses Schreibens.

Die Gasglühflammen können von dem Städtischen Wasser & Gaswerk bezogen und montiert werden. Genannte Firma will uns aber die Brenner mitliefern. Deswegen wollte ich Sie höflichst bitten von den Städt. Wasser- und Gaswerk für ... eine Offerte einzufordern... und zugleich auf Brenner derselben 8fach brennen mit matten Cylindern plus Glocken zu bestellen. ... Ferner bitte ich für meine Rechnung, die nebenbezeichneten 3 Gegenstände anbringen zu lassen. ... Die Rechnungen über beides bitte ich, mir dann freundlichst zur Bezahlung zu übersenden.

Herr Professor Otzen gedenkt Mitte August nach dort zu kommen und soll der Altar fertig brennbar angebracht sein.

Für Ihre Bemühungen im Voraus verbindlichst dankend, zeichne
Mit Hochachtung,
ergebenst Ferd. Paul Krüger

Johannes Otzen
an Herrn Reg. Bauf. Grün
Berlin W. 50, 8. August 1894

1. Die ... Verträge haben Sie bereits erhalten. Ich bin nicht im Stande zu entscheiden, ob Bornstein, Caub oder sog. Cagal (?). Ich vermute, daß ersterer ein rainerer besserer... - Wir wollen mit Berg[35] darüber sprechen.
2. Das Terrazzoangebot folgt bei. Es wird abscheulich aussehen. Auf alle Fälle schließen Sie bei A. als natürlichem Endpunkt *(Skizze Altarraum)*. Die Theilung kann ja gerade etwas modifizirt werden, wenn sie nach Westen nicht stimmen sollte. Alles 3mal Schuppen ganz in Farbe. – nicht Mennige streichen-
3. Bin sehr einverstanden mit dem Wegfall des Gitters zum Schutz der Figuren obgleich wenn die Jugend nur halb so schlimm ist, wie sie

---

[35] Da Otto Berg als Maler verdingt ist, zeigt dieser Hinweis, dass dieser ein vertrauter Berater Otzens – vielleicht doch aus der Familie seiner Mutter...

geschildert, die beiden Helden bald keine Nasen mehr haben werden.[36]

Aber – Zeit um das Gitter sofort nochmals zu zeichnen und detaillieren haben jetzt nicht, Sie müssen also damit warten.

4. ad Portalfiguren würde ich zwar gern die abgeänderte Gustav Adolf Figur bei nächster Anwesenheit sehen, indessen – ich bestehe nicht darauf.

5. Sandstein d. Figur ist beantwortet.

6. Bei Thurmrose[37] mit einfachen grünlichen Rauten Verglasung völlig einfach.

7. Der Brettmantel[38] um das Oberlicht muß, wenn er wirsam werden soll, den ganzen Raum umschließen und immer mit weißer Farbe gestrichen werden.
   Tragen Sie – zu Ihrer eigenen Belehrung doch das Linnen und die möglichen Lichtstrahlen und deren Brechung auf. Wahrscheinlich ist diese Form sogar die richtigere? Jedenfalls muß der ganze Kasten die sonst zerstreut aufs Gewölbe fallenden Lichter nach unten ablenken, das ist sein Zweck und da das Oberlicht größer geraten ist, so wird auch der Mantel größer. Viel wirksamer noch ist Staniol-Beklebung.

8. Sie erhalten die Drahtnetze des Oberlichts so rechtzeitig, daß Sie dieselben vor Abrüstung des Mittelschiffs (? wann) hineinlegen können, dann legen wir die Glasmalereien in Kitt von oben.

---

[36] Tatsächlich haben beide Helden ihre Nasen nach wie vor. Opfer des Vandalismus wurden indessen die Schwerter. Die Glaubenskrieger stehen ungewollt pazifistisch auf ihren Posten.

[37] Ein „unsichtbares" Rosetten-Fenster, das hinter der Orgel vom Prospekt verborgen wird.

[38] Hier geht es wieder einmal um das Experiment, die Kirche durch das Oberlicht zu beleuchten. Über diesem soll ein Lichtkasten mit nach außen schräg stehenden Wänden gebaut werde, dessen Wände genügend Licht reflektieren...

9. Bezüglich der Reflectoren bitte ich sehr gründlich und radikal vorzugehen, damit wir kein Fiasko machen.
10. Ich habe wegen der Sacristeithür an Pastor V.[39] geschrieben, die Sache muß zum Ende kommen. Ist er abwesend, so müssen Sie meinen Brief zu seinem Stellvertreter tragen.

Haben wir noch eine Reserve von dem Tischler Submission her.

Ich habe nichts dagegen, wenn Sie beim Erweitern der Türöffnung den Bogen nicht verändern und müssen Sie an der Seite dann ein Bogenloch stemmen. *(Zeichnung)*

Der Ihrige, Otzen

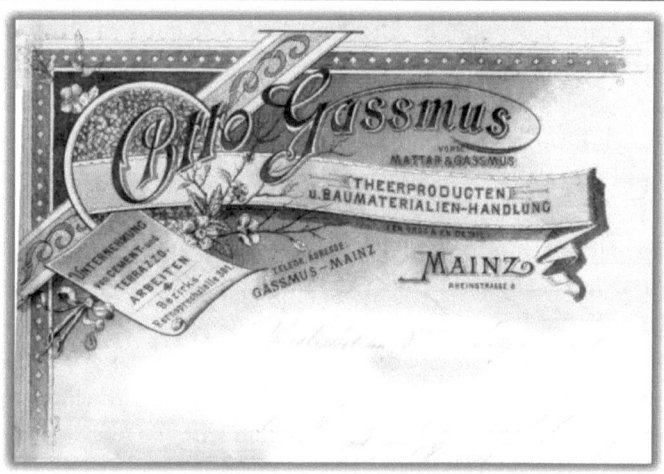

Otto Gassmus
an Königlichen Regierungs-Bauführer, Herrn Grün
Mainz, 8. August 1894

Ich nehme höflich Bezug auf Ihre gefl. Unterredung mit meinem Herrn Riethmaier und offeriere, die bei dem Neubau der Ringkirche dort, vorkommenden Marmor-Mosaik-Arbeiten wie folgt:[40]

---

[39] Das ist aus Emil Veesenmeyer geworden...
[40] Otto Gaßmus wurde mit der Gestaltung des Altarpodiums beauftragt.

a. Den Boden zu ebnen und ca. 8 bis 10 ctmtr. stark zu betonieren, alsdann mit einem gesetzten Mosaikboden genau nach Zeichnung zu belegen   pro ☐ mtr.   Mk 2 2/100

b. Denselben Boden wie vor, jedoch nur nach Zeichnung gesetzt, während die Zwischenfelder mit Granit ausgefüllt werden   pro ☐ mtr.   Mk 14,00

c. Dito wie vor, die Zeichnung gesetzt, während Friese und Felder in Granit hergestellt werden,   pro ☐ mtr.   Mk 10,00

d. Einfacher Boden mit 2 gestr. Borden   Mk. 6,00

e. Ganz einfacher Belag ohne Borde und Fries   Mk. 5,25

Indem ich mich der angenehmen Hoffnung hingebe, daß Ihnen meine Offerte Convenienz leistet, und Sie mich mit vorbesagten Arbeiten betrauen werden, sichere Ihnen im Voraus prompte und sachgemäße Ausführung zu und empfehle mich Ihnen

Hochachtungsvoll ergebenst
Otto Gassmus

G. Bienwald & Rother, Kunstziegelei Liegnitz
an Königlichen Regierungs Bauführer, Herrn F. Grün
Liegnitz, 9. August 1894

In Beantwortung Ihres Geehrten vom 7. d.M. theilen wir ergebenst mit, daß wir Vorräthe in qu. 50 cm hohen Posaunen-Engeln[41] nicht haben, jedoch, bei baldiger Herstellung, 2 Stück hierann bis Mitte September fertig stellen können. Wir offerieren dieselben ab hier excl. Verpackung z. Stck mit M. 20,00 und bemerken noch, daß die Engel auf einer Halbkugel von 120 mm ruhen, die auf Wunsch auch quadratisch beschnitten werden kann. Indem

---

[41] Der auf der Prospektkonsole stehende aus Keramik hergestellten Posaunenengel wurde vermutlich 1960 abgenommen und verschwand im Dunklen.

wir uns bei der Herstellung noch aufzugeben bitten, in welcher Farbe die
Engel gewünscht werden, empfehlen wir uns
Hochachtungsvoll
pp. G. Bienwald & Rother, M. Enycke

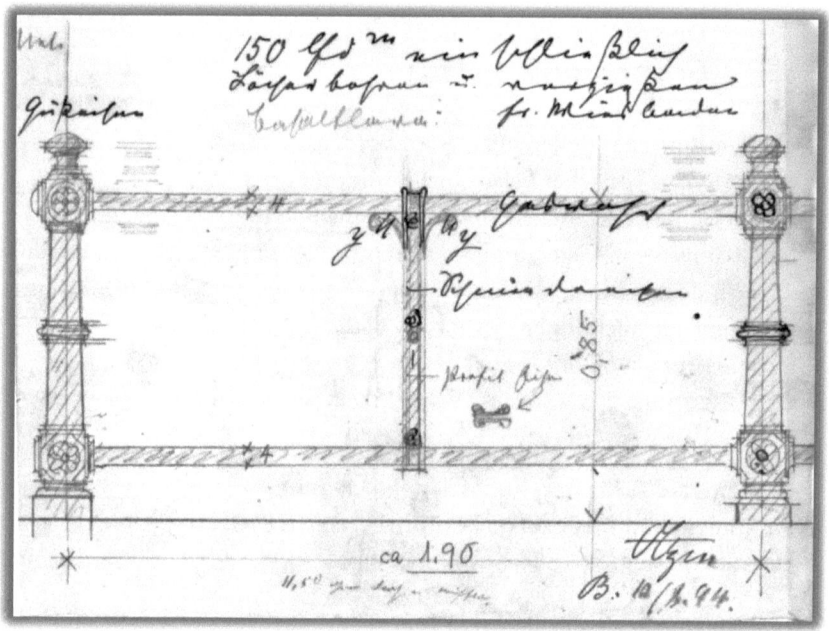

Entwurf der Terrassenbegrenzung der Ringkirche von Johannes Otzen,
wie sie auch ausgeführt wurde, 10. August 1894. Sie wurde in zwei Bau-
abschnitten anfang des 21. Jhdts. restauriert.

Georg Biersack, Techniker
an Architekt Friedrich Lang

Frankfurt am Main, 10. August 1894

Wie Ew. Hochwohlgeboren bekannt sein dürfte, war ich beim Bau der III. ev. Kirche dorten für Herrn Architect Lieblein im Jahre 1892 als Techniker beschäftigt. Infolge der plötzlichen Erkrankung des Herrn Architecten Lieblein, der sich leider nunmehr im Irrenhause befindet, mußte ich ohne Zeugniß aus dessen Dienst scheiden.

Es wäre mir Gelegenheit zur Besetzung einer günstigen Stellung geboten und möchte ich Ew. Hochw. höflichst bitten, mir, wenn möglich baldigst, ein Zeugniß zu überfertigen, soweit meine Thätigkeit dorten zur Kenntniß Ew. Hochwohlgeboren bekannt geworden ist.
Hochachtungsvoll und ergebenst
Georg Biersack, Techniker

Johannes Otzen
an Königlichen Regierungs Bauführer Grün
Berlin, ohne Datum, im August 1894 (Samstag, 10. August?)

Geehrter Herr College,
ich erhielt Ihre gestern Nachmittag 7-8 Uhr gestempelte Karte Nachmittags auf dem Bureau und heute Abend z. H. - Depesche hat also keinen Sinn, da morgen Sonntag ist.
Ich verstehe die Karte so, daß die seitliche und der Orgelbogen also 3 Bogen nachgeschliffen sind, und daß Sie über der Orgel das Blau[42] haben anbringen lassen (wie bestimmt) und an den 2 Seiten die Goldlinien.
Ist dies richtig, so wollen wir es dabei bewenden lassen, d.h. den Orgelbogen allein mit blau belassen. Ist es *nicht* richtig und können Sie an alle 4 Bogen

---

[42] Die blaue Farbe, als Symbol für Gottes ewigen Himmel, in dem der Posaunenengel wirkt, wurde bei der Restaurierung 1960 beseitigt, bei der Restaurierung des Orgelraumes 2015/16 wiederhergestellt. Nur der damals entfernte Posaunenengel fehlt noch auf der Orgelkonsole...

heran, so lassen Sie immerhin alle 4 Bogen nachholen, vor allen Dingen aber nachdem Sie am Orgelbogen fertig sind und dort vorwärts kommen können.

Übrigens bin ich Ihnen für schneidiges Vorgehen sehr dankbar und hoffe, Sie werden selbst Ihre Freude haben an der besseren Wirkung. –

Lassen Sie doch Versuch mit Fugidung[43] machen, auch im Bogen ich glaube, es wird sehr viel klarer, namentlich nach dem Überschleifen.
Ihren Bericht erwartend zeitig
Otzen

Zimmer- und Baugeschäft Wilh. Gail Wwe.
an Herrn Regierungs Bauführer Grün
Biebrich, 10. August 1894

Neubau Ringkirche
In höflicher Erwiderung Ihres Geehrten vom 9ten d. Mts., theile Ihnen ergebenst mit, daß ich die fraglichen Fenster einschließlich Befestigung mit Steinschrauben etc. nicht zu dem Preise von Mk. 86.- ausführen kann. Das Befestigen der Fensterrahmen offeriere Ihnen einschl. Lieferung aller erforderlichen Steinschrauben, etc. zu Mk. 24,00 für die 8 ...Fenster zusammen. Die Wetterschenkel würde Ihnen zu dem offerierten Preise mitliefern.

Bitte theilen Sie gefl. mit, ob ich die Fenster in Arbeit nehmen kann.
Hochachtend
W. Gail, Wwe.

Stadt-Bauamt, Abtheilung für Strassenbau
an die Bauleitung der Ringkirche
Wiesbaden, 10. August 1894
Auf Ihr gefälliges Schreiben vom 2. August cr. erwidere ich Ihnen ergebenst folgendes:

---

[43] Lesefehler oder früheres Präparat zur Oberflächenglättung?

Das Stadtbauamt hat im Frühjahr 1892 einen Theil der übernormalen Erd-arbeiten in den beiden projektierten Straßen nördlich und südlich der Ring-kirche auf Antrag der Kirchenbauleitung zum Zweck besserer Zufahrt zum Kirchenbauplatz ausgeführt. Bei Beginn dieser Arbeiten hat die Kirchenge-meinde auf Anfordern den für die sämmtlichen Erdarbeiten (1494.88 cbm) berechneten Betrag von 3.288, 24 M. baar bezahlt. Nach der von Herrn Stadtgeometer Bornhofen ausgeführten Aufnahmen und Berechnung sind vom Stadtbauamt bis jetzt

in der südlichen Straße	390,62 cbm.
in der nördlichen Straße	207,25 cbm.
in Summa	597,87 cbm Boden.

abgegraben worden. Nachdem Sie erklärt haben, den Rest der Erdarbeiten in beiden Straßen selbst ausführen zu lassen, wird der zuviel bezahlte Be-trag mit 1.973, 42 M. bei den weiteren Straßenausbaukosten gutgeschrie-ben werden.

Gegen die Ausführung der Erdarbeiten durch die Kirchenbauleitung ist nichts einzuwenden; vorausgesetzt, daß wegen Rückerstattung der Kosten dieser Abgrabungen Sie sich mit Herrn Schmidt-Casella, dem Anlieger der südlichen Straße, direct ins Einvernehmen setzen, ohne daß das Stadtbau-amt dieserhalb eine Kontrolle wegen Rückerstattung üben muß.

Herr Stadtgeometer Bornhofen wird in nächster Woche die genauen Stra-ßenhöhen örtlich auftragen und bitte ich ergebenst, die Straßen zum Zweck des baldigen Ausbaus sofort auf diese Höhe freizulegen.

Wegen Erwerb eines zur Fahrbahn am Westportal der Kirche nöthigen Theils des fiskalischen Ackers werde ich besondere Mittheilung dem Herrn I. Pfarrer Bickel machen.

Die Abschrift eines Überschlages für die Kosten der Befestigung p.p. öst-lich der Zufahrtswege füge ich mit dem ergebensten Anfügen bei, daß die Bau-Deputation beschlossen hat, anstatt des Untergestücks der Haupt-fahrbahnen provisorische Pflasterung in definitiver Straßenhöhe (wie beim Gerichtsgebäude) ausführen zu lassen und die um die Kirche herumführenden Trottoirs nicht abzupflastern, sondern mit Asphalt zu belegen.

Der Oberingenieur,
Unterschrift unleserlich

Specialgeschäft für Mosaik-Ausführungen und Betonbau,
Johann Odorico
an Herrn Regierungs Bauführer Grün
Frankfurt am Main, 11. August 1894

Unter höflicher Bezugnahme auf bei Ihrem gestrigen Hiersein gehabte Besprechung übersende ich Ihnen einliegend und unter Beigabe der mir freundlich überlassenen ... Skizze, veranschaulichend die Ausführung in ... Herstellung des Berliner Pflasters für die Terrassen, Anlage um die neue reformirte Kirche an der Rheinstraße, dort zum Preise von M. 5,00 für qmtr. übernehmen könnte. Hierbei ist der Fond aus regelmäßig behauenem Basalt, die Friese entweder aus rothem Sandstein, oder aus weißem Kalkstein und das Ganze in einfacher Sandbettung, ohne Cementbeimischung eingestampft gedacht. Wie Sie sehen, hat der junge Mann, der die Skizze anfertigte, sich in der Wahl des schwarzen Tones arg vergriffen. In Wirklichkeit wird das Pflaster selbstverständlich eine hübsche Basaltfarbe zeigen, und mit den ruhigen Linien einen einfachen, aber immerhin geschmackvollen Eindruck machen. Indem ich Sie sauberster und fachgemäßester Erledigung Ihres eventuell geschätzten Auftrages im Voraus versichere, werde ich mich freuen, wenn Sie mir das Vertrauen schenkenwollten, mir die vorliegende Ausführung zu übertragen. Die gewünschten Vorschläge für den Mosaik-Terrazzo-Belag des Altarpodiums werde ich mir erlauben, Ihnen bis zum Mittwoch kommender Woche zu übersenden.
Inzwischen halte ich mich Ihnen brestens empfohlen und zeichne, Ihrer angenehmen Zuschriften mit Vergnügen entgegensehend,
Hochachtungsvoll
Fa. Johann Odorico

Paul Begas & Co., Elektrische Lichtanlagen
an Herrn Regierungsbaumeister Grün
Frankfurt am Main, 11. August 1894

Wir bedauern sehr, Sie bei Ihrer hiesigen Anwesenheit nicht gesprochen zu haben & erkären uns Ihnen hierdurch ergebenst mizutheilen, daß wir sofort bei der Fabrik einen für Gas geeigneten Patenthohlglasreflector als Muster bestellten. Da wir sonst für Gasreflectore keine Verwendung haben, auch hierin kein Lager führen, entschlossen wir uns, Ihnen erst ein Muster zukommen zu lassen, damit Sie erst die Dimension der gewüschten Reflectore bestimmen können.

Wir hoffen, Ihnen in Kürze mit Versandtanzeige näher kommen zu können & empfehlen uns jederzeit mit besonderer Vorliebe zu Ihrer Verfügung,
Hochachtungsvollst & ergebenst
Paul Begas & Co

Münchener Glasmalerei W. Auerbach & Co.,
an Königlichen Regierungs Bauführer Grün
Berlin, 13. August 1894

Wir hoffen, daß die Ihnen schon vor 8 Tagen gesandten 57 Rahmen dort angelangt sind und alle gut gepaßt haben. Da wir diese Arbeit selbst gegen Casse anderweitig in Auftrag gegeben haben, so bitten höflichst, uns den vereinbarten Preis von   M. 220 – franco bald übersenden zu wollen.
Hochachtungsvoll
M. Auerbach & Co.

Kunstschlosserei, Ferd. Paul Krüger
an Herrn Königlichen Bauführer Grün
Berlin, 13. August 1894

Mit diesem Brief zugleich habe ich p. Eilgut franco 1 Kiste sign. F.P.K. 346
an Ihre werthe Adresse abgesandt.

Dieselbe enthält:

	1 Kandelaber für 5 Gl.
	1 Wandarm für 2 Gl.
8 Glasglocken	1 Wandarm für 1 Gl.
8 Cylinder	

Lassen Sie bitte alle drei Stücke anschrauben und von dem dortigen Gas-
und Wasserwerk mit Gasglühflammen versehen, so wie ich Ihnen in meinem ergebenen Schreiben vom 7. d. M. ausführlich schrieb. Angenehm
würde es mir sein per Post den richtigen Empfang bestätigt zu erhalten
und ob alles gepaßt und richtig angebracht ist.

Mit verbindlichem Dank für Ihre Gefälligkeit, zeichne

Hochachtend

Ferd. Paul Krüger

Philipp Holzmann & Cie
an Herrn Regierungsbauführer Grün
Frankfurt am Main, 13. August 1894

Die 4 Figurensteine können in ganz kurzer Zeit von Olsbrücken geliefert
werden und bitten wir Sie um gefällige Aufgabe der genauen Maaße, damit
wir die Steine bestellen können

Hochachtungsvoll
Unterschrift unleserlich

Glasmalerei-Anstalt Victor von der Forst,
an Herrn Reg. Bauführer Grün
Postkarte aus Münster, 14. August 1894

Mein Gehilfe Jürgensen, welcher noch in Ludwigshafen mit Einsetzen beschäftigt ist, dürfte wohl in 1-2 Tagen bei Ihnen anfangen und ist derselbe
angewiesen, die Arbeiten zu beschleunigen.

Es sind Ihnen 3 Kisten V.v.d.F.236, 2370/4 Glas , sowie ab … 1 Kiste m. ver-
zinkten Eisen zugegangen, Rest folgt diese Woche,

mit Hochachtung, Victor von der Forst (Stempel)

Wilhelm Gail Wwe., Zimmer- und Baugeschäft,
an Herrn Regierungs-Bauführer Grün
Wiesbaden, 14. August 1894

Höflich Bezug nehmend auf Ihre kürzliche Unterredung mit unserem Herrn Nortmann betreffs Pos. 81 des Kostenanschlags der Zimmerarbeiten, bitte um gefl. schriftliche Bestätigung, daß der Brettermantel um den Lichtschacht[44], welcher anstatt wie aufgenommen, 40 m, um über 60 m groß ausgeführt werden soll, entsprechend extravergütet wird.
Hochachtungsvoll!
Wilh. Gail Wwe.

Johannes Otzen
Herrn Reg. Bauführer Grün
Berlin, 14. August 1894

Beifügende Skizze[45] zeigt eine größere Theilung – auf der östlichen schrägen Ecke – bei Teterral (?) weniger.
Außer dieser Ersparniß können Sie noch die beiden Bügel y y weglassen der Mittelstütze, welche natürlich in Schmiedeeisen wie gezeichnet hergestellt wird. Das Profileisen ist auf dem Detail anzugeben. 3 Niete mit Rosetten genügen. Da die kleinen Verzierungen an den Pfosten nur in dem Metall Geld kosten, möchte ich sie beibehalten. Der Preis wird sich dadurch wohl auf die Anschlagsumme herabsetzen. Höchste Eile nun aber nothwendig.

Wie weit kommt Berg in dieser Woche ? - ...
Hat der Kaiser geantwortet? Wie wird es mit der Umgebung?
Wann sind Ihre Reflectoren fertig montiert?
Ich beabsichtige in nächster Woche zu kommen
Der Ihrige Otzen

---

[44] Vgl. oben Johannes Otzen an Herrn Reg. Bauf. Grün, 8. 8. 1894, Seite 39.
[45] Vgl. Skizze vom 12. August Seite 43.

Johannes Otzen
An Herrn Reg. Bauf. Grün
Berlin, 15. August 1894

1. Die betr. X Füllungen des Orgelprospects sind bündig und zwar werden die Brettfüllungen gestaucht und laufen gegen Abfachungen aus, so daß Pfosten und Füllungen sich klar darstellen. *(Zeichnung)*

2. Berg war soeben hier – reist heute nach dort ab und behauptet, daß 1 Mann entlassen werden mußte. Er wird bis Ende der folgenden Woche also etwa Donnerstag die sämmtlichen noch erforderlichen Proben fertig stellen. Inzwischen wird doch das Innere mit Ausnahme des Bogens über Orgelbühne fix und fertig sein, so daß Sie ausrüsten können und ich die Wirkung der 32 Reflectoren ohne Verglasung sehen kann. – Die Gitter sollen seit 8 Tagen abgesandt sein.

3. Da v.d.Forst jetzt in Ludwigshafen fertig wird, so hoffe ich einen großen Theil seiner Arbeiter eingesetzt zu finden – dito von Katz, der Ihnen hoffentlich seine neuesten Meisterwerke unter den Emporen vorgelegt hat. Anderenfalls fordern Sie es doch nach und ziehen Berg zurathe. Richten Sie sich bitte also so ein, daß ich Ende der folgenden Woche alle Entscheidungen treffen kann. Dazu gehört,

4. das Montieren und Aufstellen der jetzt wohl eingelaufenen Gaskörper inclusive Gas-Anschluß, so daß wir versuchen können.

5. Gleichzeitig können Sie bis dahin wohl von den 3 Wiesbadener Schlossern, die Sie mir genannt haben – Offerten einziehen. Die von Krüger bringe ich mit.

6. Gaslichtlaternen
   a. zum Hängen in die Ostvorhalle.
   b. zum Aufsatz auf den Pfosten des Treppengeländers
   sende ich in   1 Blatt Werkzeichnung
                     2 Blatt Details bei.

Auch hierüber lassen Sie submittieren bis ich komme, wenn möglich ein Fragment von den Blumen der Laterne treiben, damit ich sehe – ob die Herren eine Ahnung haben.

7. Den Orgelprospect lege wieder bei.
8. Die Thür zur Sacristei wird gezeichnet und Ihnen ebenso wie die Gitter der Osthalle bald zugehen.

Berichten Sie mir Sonnabend Abend, wie weit Berg gekommen ist.

Der Ihrige Otzen

Carl Meier, Dachdeckungs-Geschäft
Herrn Königlicher Reg. Bauführer Grün
Berlin, 15. August 1894

Wie beiliegende Rechnung hatte eine solche am 24. März d.J. an Herrn Knodt, Bockenheim eingeschickt und habe darauf beiliegenden Brief erhalten. Ich möchte Sie höflich bitten, daß mir von dem einen oder anderen Theil meine Rechnung anerkannt und auch bezahlt wird. Bei dieser Gelegenheit möchte auch bitten, mich über die Feststellung meiner Rechnung durch eine Abschrift zu informieren.

Hochachtungsvoll
Carl Meier, Dachdeckermeister

Wilhelm Gail Witwe, Zimmer- und Baugeschäft
Herrn Reg. Bauführer Grün
Biebrich am Rhein, 17. August 1894

Für den mit Herrn Otto Gail gütigst ertheilten Auftrag über Herstellung von 6 Stück Fensterrahmen aus Eichenholz zum Preise von Mk. 9,00 pro Stück, einschl. Befestigung, sage Ihnen besten Dank & werde dieselben sofort anfertigen lassen. Die Fenster zur Sakristei habe ebenfalls dankend in Arbeit genommen & liefern Ihnen dieselben, einschl. Befestigung mit Dübel & Holzschrauben zu dem offerierten Preise von St. 86,00 –

Die Dübellöcher wollen Sie baldgefälligst hauen lassen.

Hochachtend
Wilhelm Gail Wwe.

Münchener Glasmalerei W. Auerbach & Co.,
an Herrn Königlichen Regierungs Bauführer Grün
Berlin, 17. August 1894

Von dem Inhalt Ihres Geehrten vom 16. nehmen bestens Kenntnis und überreichen Ihnen inliegend unsere Nota über die 57 Dachgitter in Höhe von M. 220-, um deren gefällige Begleichung bittend.
Hochachtungsvoll
M. Auerbach & Co *(Stempel)*

Wilhelm Gail Witwe, Zimmer- und Baugeschäft
Herrn Reg. Bauführer Grün
Biebrich am Rhein, 17. August 1894

Theile Ihnen ergebenst mit, daß der Fußboden der nördlichen Empore durch den heutigen Gewitterregen wieder vollständig durchnäßt wurde. Da dies fast täglich vorkommt, kann ich für den Boden nicht mehr garantieren & kann für etwa später sich zeigende Fugen & Unebenheiten nicht aufkommen. Der Boden muß entschieden vor Feuchtigkeit geschützt werden, besonders so lange derselbe nicht geölt ist.
Hochachtend
W. Gail Wwe.

Paul Begas & Co, Elektrische Lichtanlagen
Herrn Reg. Baumeister Grün
Frankfurt a. M., 17. August 1894

Wir bestätigen den Empfang Ihres Geschätzten vom 12. ct. & sandten Ihnen heute einen Musterschirm No. 0 der für Gas bestimmt ist No. VI ist nur für Elektrisch Licht hergestellt. Wir sehen Ihrem gefl. Bescheide eventuell telegrafisch entgegen, ob Ihnen diese Ausführung (in 40 cm Durchmesser) zusagt, oder ob Sie No. V 40 cm mit verstellbarem Halter wie bei IV vorziehen. Wir bitten gut, uns Ihren telegrafischen Bescheid morgen möglichst zeitig zukommen zu lassen, damit Sie bis Montag im Besitz der Sendung sind!

Stets mit Vorliebe zu Ihren Diensten zeichne

Hochachtungvollst
Paul Begas & Co

P.S. Nicht convenierend nehmen wir es retour resp. tauschen um.

Maschinenfabrik W. Philippi,
Herrn Reg. Bauf. Grün
Wiesbaden-Dambachtal, 18. August 1894

Ihre M. v. 17.8. erhielt ich und muß von vornherein ganz entschieden jeglichen Regreßanspruch ablehnen. Der Hahn hat sich stets gedreht. Wenn Sie ohne mein Vorwissen einen neuen Hahn herstellen lassen und ... anfertigen, so ist mir nicht erklärlich, wie mir nachträglich diese Kosten auferlegt werden sollen. Jedenfalls hätte ich von diesen Schritten und ihren Eventualitäten vorher offiziell benachrichtigt werden müssen. Im übrigen hätte ein derartiger Fehler an dem Hahn, den ich übrigens bestreite, da ich den Hahn in meiner Fabrik revidierte, seiner Zeit bei dem Aufstellen des Hahnes gefunden und monirt werden müssen.

Hochachtend
W. Philippi

P.S. Nach soeben angestellter Untersuchung durch meinen Monteur Rapp ist an der mittleren Stange zum Abdichten ein 5 mm Bleiring (der übrigens entfernt werden kann, ohne jegl. Nachtheil) und besteht ein ½ mm großer Spiralraum zwischen diesem und dem Hahn. Letzterer dreht sich frei. Beim Aufstellen der Rüstung scheint der Bleiring einen Schlag bekommen zu haben, so daß der vorspringende Rand sich nach oben gebogen hat. An dieser Kante hat der Hahn jetzt etwas gerieben. Trotz dieses Hindernisses, welches jedoch in Folge der Weichheit des Bleies bei der ersten Drehung beseitigt

wurde, dreht sich jetzt der Hahn spielend leicht mit einem Finger als Gegendruck. Ich sehe mich hierdurch jetzt umsomehr veranlaßt, auf meinem umseitig mitgetheilten Standpunkte zu verharren und zeichne
Hochachtend
W. Philippi

G. Bienwald & Rother, Kunstziegelei
Königlicher Regierungs-Bauführer Grün
Liegnitz, 18. August 1894

Im Besitz des Geehrten vom gestrigen Tage lassen wir die freundlich bestellten 2 Posaunenengel[46] in hellgelber Farbe und unter Berücksichtigung der beliebten Sockelform sofort anfertigen und empfehlen uns
Hochachtungsvoll
ppa G. Bienwald & Rother, M. Enycke

Stadtbauamt, ohne Briefkopf, Abtheilungsvorstand (Josef) Brix
Herrn Regierungsbauführer Grün
Wiesbaden, 18. August 1894

Unter Bezugnahme auf Ihr gefl. Schreiben vom 31. Juli d. J. an das Stadtbauamt für Straßenbau und unsere Rücksprache theile ich Ihnen ergebenst mit, daß eine weitere Senkung der Straßenhöhe an der Ringstraße. Kirche als auf 137,03 also mehr als 25 cm aus canalbautechnischen Gründen nicht möglich ist.
Der Abtheilungsvorstand,
Brix

---

[46] Wofür war der zweite Engel. Auf der Orgelkonsole ist nur Platz für einen Engel, wie alte Fotographien auch beweisen.

Johann Odorico,
Special-Geschäft für Mosaik-Ausführungen und Betonbau
Herrn Regierungs-Bauführer F. Grün
Frankfurt a. M., 18. August 1894

In höflicher Erwiderung Ihrer sehr geehrten gestrigen Karte ist die Zeichnung für den Marmor-Mosaik-Terrazzo-Belag des Altarpodiums der neuen reformierten Kirche, ...leider nicht nach Wunsch ausgefallen, indem der betr. Maler des in Ihrer Grundrißskizze angelegte Grün für ein schlechtes Gelb genommen und in Folge eines Mißverständnisses war der Anwendung grüner Steine vollständig abgesehen hat. Da Sie, wie es mir scheint, auf die grüne Farbe einen besonderen Werth legen, so sah ich mich veranlaßt, die Zeichnung, ehe ich Ihnen solche übersandte, nochmals umarbeiten zu lassen. Das neue Blatt wird nun spätestens morgen Vormittag fertig, und werde ich Ihnen dasselbe alsdann mit billigster Preisnotirung für 3 verschiedene Ausführungsarten sofort zukommen lassen. Montag Vormittag werden Sie demgemäß bestimmt im Besitz meines Angebots sein. Indem ich die eingetretene Verzögerung freundlich zu entschuldigen bitte, halte ich mich Ihnen ferner bestens empfohlen und zeichne Ihren geschätzten Ansichten mit Vergnügen entgegensehend,
Hochachtungsvoll
Fa. Johann Odorico

Fa. C. Ulrich, Glockengießerei
An das Baubureau Herrn Reg. Bfr. F. Grün
Postkarte aus Apolda, 19. August 1894

Der Clöppel ist fertig und frage ergebenst an, ob nun eine Treppe bis hinauf zun Glocken geht, und ob ein Bodenbelag da ist, damit man oben stehen und hantieren kann, dann soll alles sogleich gemacht werden.
Mit aller Hochachtung,
ergebenst C. Ulrich

Johann Odorico,
Special-Geschäft für Mosaik-Ausführungen und Betonbau
Herrn Regierungs-Bauführer F. Grün
Frankfurt a. M., 20. August 1894

Ich nehme höflich Bezug auf mein ergebenes Schreiben vom 18. d.M. und beehre mich heute, Ihnen separat gehend eine Postrolle die gewüschte Zeichnung für den Mosaik – Terrazzo – Belag des Altarpodiums der neuen reformierten Kirche zur gefl. Bedienung zu übersenden. Auf Grund derselben offerire ich Ihnen die Herstellung des Bodens in durchaus gediegener und fachgemäßer Weise fertig geschliffen und nach vollständiger Austrocknung einmal geölt einschließlich Anfertigung der erforderlichen Betonunterlage so wie Lieferung sämmtlicher Materialien nach Vorschlag:

a. In ganz gesetzter Marmor-Mosaik ohne Verwendung von grün zum Preis von   M. 25,00 f. qmtr.

b. In den Farben wie vor, jedoch in gestreutem Granito-Mosaik, nur die schmalen weißen Friese gesetzt zum Preis von
        M. 15,00 f. qmtr.

c. in ganz gesetztes Marmor-Mosaik unter mäßiger Verwendung grüner Steine zum Preise von   [47]   M. 30,00 f. qmtr.

d. Wie vor unter Verwendung grüner Steine auch für die breiten Friese zum Preise von   M. 35,00 f. qmtr.

Ich sehe nunmehr Ihrer Entschließungen gerne entgegen und werde mich freuen, Ihren geschätzten Auftrag zu empfangen, dessen solidester und gewissenhaftester, sowie würdigster und geschmackvollster Erledigung ich Sie im Voraus versichere. Inzwischen halte ich mich Ihnen bestens empfohlen und zeichne Ihren Diensten stets mit Vergnügen gewidmet,
Hochachtungsvoll
Fa. Johann Odorico

---

[47] Die Fa. Odorico kam nicht zum Zuge. Dies Angebot entspricht der ausgeführten Bearbeitung. Mittig Terrazzobelag, außen ein grünes Kleinmosaik.

Maschinenfabrik W. Philippi,
Herrn Regierungsbauführer Grün
Wiesbaden-Dambachtal, 18. August 1894, Einschreiben

In Verfolg Ihrer werthen gestrigen telegraphischen Mittheilung ließ ich heute früh nochmals durch meinen Monteur Rapp den Thurm besteigen. Derselbe beobachtete vom Gerstühl aus ½ Stunde lang den Hahn, nachdem er ihn quer zur Windrichtung gestellt hatte und fand, daß er sich auch bei Bewegung von Hand genau so drehen ließ, wie vorher. Durch die Beseitigung des inneren Führungsringes wackelt jedoch jetzt der Hahn. Ich mache Sie jedoch ausdrücklich darauf aufmerksam, daß durch Beseitigung des 4 mm dicken Bleiringes und Ersatz desselben durch eine ca. 1 mm dicke Scheibe das Wasser in die obere Rohrmündung hineinfließen kann, zumal wenn sich der Hahn wegen der fehlenden Führung schiefhängt. Das eindringende Wasser fließt dann über die Pendelstange und wird ein Verrosten der Schrauben, die zur Befestigung des Gewichtes diesen im Laufe der Zeit bedingen. Ich muß daher nochmals jegliche Haftpflicht ablehnen.
Hochachtungsvoll
W. Philippi

F. Butzke & Co, Metallindustrie,
Postkarte an Herrn Paul Begas & Co, Frankfurt
Berlin, 20. August 1894

Die durch Ihr Telegramm vom heutigen Tage gütigst beorderten 32 Schumann Reflectoren V 40 cm, 32 verstellbare Halter sind heute per Eilgut nach Wiesbaden zur Absendung gebracht worden. Rechnung geht Ihnen in einigen Tagen zu. Ferneren schätzbaren Entbietungen gern entgegensehend,
hochachtungsvoll,
F. Butzke & Co

Paul Begas & Co, Elektrische Lichtanlagen
Herrn Regierungsbaumeister Grün
Frankfurt a. M., 22. August 1894

In der Anlage übersenden Ihnen eine Karte von Butzke zur gef. Kenntniß-
nahme. Durch die Größe der Reflectore wäre der Versand & Post äußerst
kostspielig geworden & hoffen wir, daß bei Erhalt dieses die Sendung bereits
in Ihrem Besitz ist.
Wir halten uns Ihnen bestens empfohlen & bitten gut, uns bei etwa vorkommenden elektrischen Anlagen berücksichtigen zu wollen.
Hochachtungsvollst
Paul Begas & Co

C. Theod. Wagner, Elektrotechnische Fabrik
Herrn Königlicher Regierungsbauführer Grün
Wiesbaden, 23. August 1894

Für die Gewichtsangaben der Glocken in der Ringkirche bestens dankend,
theile ich Ihnen mit höflicher Bezugnahme auf die mündliche Unterredung
nachfolgend eine Adresse für den Bezug von Schieferplatten mit:
Schieferbau-Gewerkschaft „Heimingshausen", C.F. Esselbrügge, Fredeburg
i. W.[48]
Hochachtungsvoll
p. C. Theod. Wagner, Carl Bregner

Johannes Otzen
Herrn Reg. Bauführer Grün
Berlin, 23. August 1894

---

[48] Im heutigen Bad Fredeburg im Schmallenberger Sauerland, Westfalen, mit
seinem gewaltigen Schiefervorkommen wird auch heute noch Schiefer abgebaut.

In dem beif. zurückgesanden Orgelprospect sind alle Ornamente völlig durchbrochen, demnach mit der Säge ausgeschnitten und dann vom Bildhauer nach Modell geschnitten – diejenigen, welche Pfeifen als Hintergrund haben, - unter allen Umständen, die anderen bbbb. wohl ebenfalls – insofern die Wirkung des durchscheinenden Lichts nicht irgendwo stört. Bei diesem wird ein Brett <u>dahinter</u> geschraubt. Sehr sorgfältig müssen diese Ornamente aus 2-3 Lagen in verschiedener Faserrichtung verlaimten Bretter hergestellt werden (recht altes, todtes Holz nehmen lassen). Außer der Laimverbindung muß der Tischler aber noch Holzschrauben gefährlicher Stellen von hinten hinzufügen.

Der Propekt der Walcker-Orgel nach Ausbau der Pfeifen für eine Restaurierung und Reinigung mit Kreuzblume und Türmen im April 2016. Der „hellgelbe" Keramikengel mit Posaune stand in der Mitte über der Kreuzblume.

6 von den Füllungen der Thürme werden durchbrochen und geschnitzt 2 dicht gelassen. Ich bemerke insbesondere noch,

1. daß die Kreuzblume des Giebels nach allen 4 Seiten das Blatt hat.
2. daß die Pfeifendimensionen nach dem Prospect gewählt werden müssen – besonders die Längen der seitlichen Bündel.
Passen dem Orgelbauer die gezeichneten dicken dazu nicht, so darf er dieselben dünner machen.

Sorgen Sie, daß Walcker hierüber genau informiert wird. Ich bin nicht informiert, ob die beiden Posaunenengel mit in Eichenholz verdungen[49] sind, muß aber, da doch das ganze gezeichnete Prospect vergeben ist, dies annehmen. Geben Sie mir umgehend Nachricht, wie sich dies verhält, damit ich Ihnen das Modell bez. (wenn Sie nicht verdungen sind) die beiden Figuren sende.

Ich erwarte von Ihnen noch die Profile der Eckdienste und die übrigen Sachen an die Sie mich erinnern sollten und bitte Sie dringend anzumahnen, daß wir am 1. October einweihen müssen. Alle Sachen mit größter Energie fördern, auch die Umgebung der Kirche, Straßenpflasterungen eher mit in Ihre Fürsorge aufnehmen, denn ohne diese können wir doch unmöglich die Kirche einweihen. Es ist ja zwar wahrscheinlich, daß der Kaiser am 16ten[50] o. 15ten October auch die Kirche weihen wird, um aber dies Ziel sicher zu erreichen, müssen wir das andere verfolgen.
Lassen Sie also sogleich reinigen und die Tischler beginnen, die schlimmsten Fenster von außen etwas zustellen. Soeben Konferenz mit Auerbach. Die früheste Gestellung ist bis 20. August. Ist dies uns zu lange, so hat es wie mir

---

[49] Auch hier ist geheimnisvoll, dass die Engel weder aus Eichenholz sind, noch für zwei von ihnen Platz ist.

[50] Am Dienstag, den 16. Oktober 1894 weihte der Kaiser das neue königliche Hoftheater ein, das in Wiesbaden gebaut worden war (heute: Hessisches Staatstheater Wiesbaden).

scheint, keine Bedenken, sobald die Maler fertig sind, die Gerüste zu entfernen und die Tafeln von oben einzulegen. Überlegen Sie den Fall![51]

Ich würde dann hinkommen und Sie inzwischen eine regelrechte starke Beleuchtung von oben einrichten.[52] Erkundigen Sie sich, was dort an Reflectoren zu haben ist, ich will dasselbe hier thun.

Der Ihrige, Otzen

Fa. C. Ulrich, Glockengießerei
Herrn Reg. Bfr. F. Grün
Postkarte aus Apolda, 23. August 1894

Bis wann spätestens muss die Arbeit gemacht sein, habe bis 10. Sept. das Geläut für Piuskirche Berlin[53] zu liefern und sende Stück 5 ...
nächste Woche ab, hat es vielleicht Zeit bis Mitte September?

Hochachtungsvollst,
ergebenst C. Ulrich

W.A. Schmidt, Holz-, Kohlen- und Baumaterialien-Handlung
An die hochlöbliche Baucommission der ev. Kirchengemeinde,
Wiesbaden, 24. August 1894

Der auf die von Ihnen in hiesigen Blättern ausgeschriebene & auf den 9. August 1894, anberaumte Vergebung der Einrichtungsarbeiten etc. an dem Thurme der neuen Reformationskirche in der oberen Rheinstraße, ein Resultat bis heute nicht bekannt gegeben wurde, so gestatte ich mir hiermit, Sie um Mittheilung des Resultats höflichst zu ersuchen.

Hochachtungsvoll!
W.A. Schmidt

---

[51] Hier geht es um die Verglasung des Oberlichts.
[52] Dies Konzept wurde verfolgt, ausprobiert und später wieder abgebaut: Eine Beleuchtung hauptsächlich durch das Oberlicht war damals technisch nicht hell genug zu verwirklichen.
[53] Da der Turm von St. Pius im Zweiten Weltkrieg ausbrannte, sind die Originalglocken wohl nicht mehr erhalten.

Der Director der Wasser- und Gaswerke
Herrn Kgl. Regierungsbauführer Grün
Wiesbaden, 25. August 1894

... mache ich hierdurch die ergebenste Anzeige, dass behufs Herstellung einer Wasser- & Gas-Hauptleitung in der Strasse, um die Ringkirche an der betreffenden Stelle in nächster Woche aufgegraben werden soll und zwar in der Fahrbahn und im Trottoir. Eine Sperrung der Strasse für Fuhrwerk wird für die Dauer der Arbeit nicht erforderlich werden.

Der Director der Wasser- und Gaswerke (*Unterschrift*)

Stadt-Bauamt, Abtheilung für Straßenbau
Herrn Regierungs-Bauführer Grün
Wiesbaden, 25. August 1894

Im Vorschlag der gefälligen Zuschrift vom 18. d. M., sowie bezugnehmend auf gehabte Unterredungen ersuche ich ergebenst, dahin gefällig wirken zu wollen, daß in den ertsten Tagen die Baustelle für den Straßenausbau um die Ringkirche von den Sandhaufen, Hausteinen, Zaunpfosten und dergl. Hindernissen mehr befreit wird und die Beseitigung des übernormalen Bodens auf der Südseite. Befestigung der Oberfläche des Trottoirs vor und um die Freitreppe erachte ich in Rücksicht auf die beträchtlicher Quer- und Längsgefälle die Verwendung von Mosaikpflasterung für das Innigste & ersuche ich Sie ergebenst, hierzu eine Musterungsskizze gefl. liefern zu wollen, konform der durch den Pflastermeister Hoffmann für Sie herzustellenden Mosaikmusterung auf der Terrasse.[54]p. Hoffmann könnte dann vor und um die

---

[54] Dass die Platz- und Straßengestaltung 1894 in enger Absprache zwischen Stadt und Kirchenbaustelle geschah, liest der Autor 2021 mit ungläubigem Staunen: Graben sich die Gewerke für die Stadt seit ca. zwei Jahren vor seiner Kirche – ohne jede Absprache durch den Untergrund...

Freitreppe Mitte nächster Woche beginnen & von uns ein Quantum schneeweißer Ulmer Kalksteinen käuflich erwerben
Der Oberingenieur
J.W. Probeck

Regierungs Bauführer Grün
Depeschenkopie an Krüger Berlin
Wiesbaden, 26. August 1894

Gelten Preise einschließlich Anschluß an die Gasleitung?
Grün

Jacob Walther, Stuccateur & Tüncher
Regierungs Baumeister Grün
Wiesbaden, 27. August 1894

Theile Ihnen hierdurch ganz ergebenst mit, daß ich mich erbiete, den Anstrich der Nebenräume im Neubau der Ringkirche mit Leimfarbe oder Wasserglasfarbe zu 18 Pf. pro qm. herzustellen. Der Gewölbeputz ist hierbei in der ... gemessen, in pleno stellt sich derPreis derselben auf 25 Pf für den qm.
Hochachtend
d.Ub.
Anmerkung von F. Grün(?):
Was kostet derselbe in Kalkfarbe?

Antwort in Bleistift:
Einfacher Anstrich: 15 Pfg.
Gewölbe in plano: 20 Pfg.

Eduard Schulz (Schreiner)
An den Königlichen Reg. Baumeister, Herrn Grün
Potsdam, 27. August 1894

Im Auftrage des Herrn Geh. Reg. Rath und Professor Otzen, Berlin, sende ich Ihnen hiermit ein Bibelpult p. ... mit dem ganz ergebenen Bemerken, dasselbe erst wenn es gebraucht wird, auspacken zu lassen.
Mit Hochachtung
p. Eduard Schulz, Schulz.

Regierungs Bauführer Grün
Depeschenkopie an Holzmann & Cie
Wiesbaden, 27. August 1894

Figurensteine sofort Eilgut senden. Figuren werden hier gemacht.
Grün

Ferd. Paul Krüger,
Fabrik feiner Beleuchtungs- und Kunstgegenstände
Herrn Königlichen Regierungs Bauführer Grün
Berlin W. 35, 28. August 1894

Antwortlich Ihres sehr geehrten gestrigen Schreibens kann ich die Fertigstellung der mir freundlich übertragenen Arbeiten bis 1. October bestimmt versprechen, muß jedoch mit aller Macht daran arbeiten und lasse schon morgen mit der Arbeit beginnen.

Entsprechend gebe ich Ihnen die offerierten Preise und habe ich die Wandarme unter den Emporen billigst mit 42 M. p. Stck. berechnet.

Wegen der 2 Wandarme der Westvorhalle und der 2 Deckenkronen für Nebenräume werde ich mir morgen von Herrn Geheimrath Otzen Bescheid erbitten und Ihnen dann sofort Nachricht darüber geben.

Mit der Übernahme der Arbeiten durch Herrn Brodt bin ich gern einverstanden; habe heute sogleich an Genannten geschrieben und bitte den Auftrag mit ihm abzuschließen. Die Gasglühlichtflammen werden doch dort geliefert?

Hochachtungsvoll & ergebenst
Ferd. Paul Krüger
Umseitig Preisaufstellung:

1.	4 Kandelaber zu je 5 Fl.	740,-
2.	14 Wandarme zu je 2 mit Säulenringen	700,-
3.	6 Wandarme zu je 2 Fl. für stumpfe Ecken	228,-
4.	2 Wandarme der Westvorhalle	228,-
5.	2 Deckenkronen für Nebenräume	228,-
6.	Für das Anbringen und den Gasanschluß	100,-

Sämmtliche Arbeiten in bester Ausführung franco Wiesbaden bis 1. Oct.: fix und fertig zu liefern ohne Gasglühlichtbrenner

---

E. F. Walcker & Cie
Kirchen- Concert- & Salon- Orgeln
Herrn Bauführer Grün
Ludwigsburg, 29. August 1894

In umgehender Erledigung Ihres Geehrten von gestern übersenden wir Ihnen inliegend einen genauen Grundriß & Schnitt[55] unserer Orgelanlage aus dem Sie ersehen, welchen Raum die Orgel einnimmt & wie weit die Gehäuselinie vortritt. Nach diesem Grundriß müssen wir uns richten können & bitten wir, uns gefl. umgehend sagen zu wollen, ob Sie damit einig gehen. Gleichzeitig übersenden wir Ihnen die Zeichnung des Klavierkastens, damit Fa. Neugebauer die architectonische Umkleidung desselben dem Gehäuse

---

[55] Leider sind die entsprechenden Pläne und Zeichnungen nicht erhalten.

entsprechend anfertigen kann. Der Mantel muß im Lichten den äußeren Maßen unseres Spieltisches, also genau, wie auf der Zeichnung angegeben, entsprechen.

Hochachtend
E.F. Walcker & Cie., P. Hailer

Kurt & Böttger, Abtheilung für Bau-Ausstellungen
Herrn Königl. Reg. Baumeister Grün
Frankfurt am Main, 29. August 1894

Bestätigen den Empfang Ihrer geehrten Zuschrift von gestern & offeriere Ihnen die Lieferung eines Uhrzifferblattes von Schiefer 3 cm stark & geschwärzt:

1. Radius: 1,065 m und zwei Theilen   M. 150,00
2. Radius: 1,065 m und vier Theilen   M. 120,00

Frei Station Wiesbaden und Verpackung. Lieferzeit: 3 Wochen vom Tage der Bestellung ab gerechnet. Sorgfältige Ausführung Ihnen zusichernd, erwarten gerne gütigen Auftrag & zeichnen

Hochachtungsvoll
Franz Martel

1 Zeichnung

Paul Begas & Co, Elektrische Lichtanlagen
Herrn Regierungsbaumeister Grün
Frankfurt a. M., 30. August 1894

Einliegend gestatten wir uns Ihren Factura[56] über gelieferte Reflector zu überreichen, Sie bittend, uns deren Betrag mit Mk. 376.- gefl. gutschreiben zu wollen.

Stets mit Vorliebe zu Ihren Diensten empfehlen wir uns

---

[56] Factura, Faktur, Rechnung über gelieferte Waren. Mayers kl. Konversationslexikon, Leipzig und Wien, 1893.

Hochachtungsvollst
Paul Begas & Co

Schieferbau-Gewerkschaft „Heiminghausen"
Herrn Regierungsbauführer F. Grün
Fredeburg i. W., 30. August 1894

Das angefragte Zifferblatt, welches wir aus 4 Theilen zusammensetzen würden, liefern wir Ihnen vorderseitig fein geschliffen (aber nicht polirt!) incl. Emballage[57] franco Stat. Fredeburg zum Preise von M. 92,75.

Johannes Otzen
Telegramm: gruen kirchenbau wiesbaden
v wannsee, 31. August 1894, 10:48 Uhr

Rippenvergoldung orgelgewoelbe rautenfries wie mittelschiff nicht striche = otzen+

Johann Odorico,
Special-Geschäft für Mosaik-Ausführungen und Betonbau
Herrn Regierungs-Bauführer F. Grün
Frankfurt a. M., 31. August 1894

In höflicher Erwiderung Ihres sehr geehrten Schreibens vom 29. D. M. bedaure ich zu hören, daß mir die Anfertigung des Mosaik-Terrazzo Belages des Altarpodiums[58] der neuen reformierten Kirche nicht übertragen werden konnte, und möchte mir mit Gegenwärtigem erlauben, die ergebene Bitte um baldigefällige Rücksendung der Ihnen überlassenen Farbenzeichnung

---

[57] Dem Käufer in Rechnung gestelltes Verpackungsmaterial (wikipedia).
[58] Den Mosaikboden auf dem Altarpodium wird die Firma Otto Gasmus, Mainz ausführen. Vgl. Schreiben vom 8. August 1894.

auszusprechen. Indem ich mich Ihnen ferner bestens empfohlen halte, sehe ich Ihren geschätzten Nachrichten stets mit Vergnügen entgegen und zeichne

Hochachtungsvoll
Fa. Johann Odorico

Ernst Rittweger, Bildhauer
Herrn Regierungs-Bauführer Grün
Frankfurt a. M. Sachsenhausen, 31. August 1894

Theile Ihnen ergebenst mit, daß ich in Besitz der Maße gekommen bin, dieselben genügen mir vollkommen. Außerdem sage ich Ihnen noch meinen verbindlichsten Dank für die Übersendung, Sie waren so liebenswürdig, mich in meiner Wohnung aufzusuchen und ich bedaure sehr, daß ich gerade abwesend sein mußte. **Hochachtungsvoll,**
Ernst Rittweger

Die von der Fa. Katz und Zentner auszuführenden Emporenfenster, Entwurfsskizzen von Johannes Otzen (der offenbar mit kreativen Lösungswegen dieser Firma nicht einverstanden war)... Entwurf: Februar 1894

Bemalung des Triumphbogens durch Otto Berg, der zugleich ein vertauter Mitarbeiter Otzens und Berater in Stilfragen gewesen ist. (Foto des Zustandes 2021)

*Das originale Zifferblatt aus Schiefer mit Messingziffern in römischer Form.
Im Wettlauf mit der Zeit gab es ein Wettrennen zwischen dem Schieferbergwerk und dessen Frankfurter Händler. Dieser hätte nicht wunschgemäß liefern können, darum stimmte er schließlich zu, dass die drei Zentimeter starken Schiefertafeln direkt vom Steinbruch geordert werden konnten. Ausschnittsvergrößerung eines Bildes
aus Johannes Otzen, Ausgeführte Bauten.*

XVI. Fatalitäten der unglücklichen Ringkirche. – September 1894

Kurt & Böttger, Abtheilung B für Bau-Ausstattung
Herrn F. Grün, Königl. Reg. Baufhr.
Frankfurt a. M., 1. September 1894

Wir besitzen Ihre geehrte Zuschrift vom 31. vorigen Monats und sind bereit, die Lieferung der des Schieferzifferblattes von 1,06 m Radius zu M. 100,00 zu übernehmen, wenn die Einteilung der einzelnen Platten uns überlassen bleibt.

Der Schiefer muß imprägniert werden, damit derselbe dunkel erscheint, ohne Imprägnierung trocknet er leicht aus und wird hell. Wir werden Alles aufbieten die Lieferung in 14 Tagen zu ermöglichen, jedoch eine Garantie hierfür können wir nicht übernehmen.

Gütige Bestimmung gerne verwertend, zeichne
Hochachtungsvoll
Kurt & Böttger, Franz Martel

E. F. Walcker
Herrn Kgl. Reg.-Bauführer F. Grün
Ludwigsburg, 3. September 1894

Wir erhielten Ihr heutiges Telegramm, bedauern aber, Ihnen mittheilen zu müssen, daß wir mit der Abänderung auf Grund Ihres Geehrten vom 5. August bereits begonnen haben & deßhalb eine nochmalige Abänderung bzw. Zurückführung auf den früheren Stand nicht mehr vernehmen können.

Da wir wegen der Kürze der Zeit mit jedem Tag rechnen müssen, so konnten wir unmöglich einiche Tage zuwarten, sondern mußten annehmen, da aus an denselben Tage auf unser Telegramm nicht Gegenteiliges zugieng, daß Sie mit dem Inhalt desselben einverstanden sind.

Wir werden aber die Fertigstellung der Orgel nach Thunlichkeit beschleunigen.

Hochachtend
E.F. Walcker & Comp.
Oscar Walcker

Philipp Holzmann & Cie.
Herrn Reg. Bauführer Grün
Frankfurt am Main, 3. September 1894

Anbei erhalten Sie den verlangten Versatzplan nebst Pause, für den Altar der Kirche in Wiesbaden.

Hochachtungsvoll
Philipp Holzmann & Cie
Steinmetzabtheilung

Karl Bickel, Erster Pfarrer
an Johannes Otzen
Wiesbaden, 3. September 1894

Sehr geehrter Herr Geheim Rat!

Herr Stadtingenieur Vorbach hat mich, wie schon neulich, so auch heute Nachmittag darauf hingewiesen, daß es erwünscht und zweckmäßig wäre, wenn bei der Terassenanlage um die Kirche noch irgendwie für einen ordnungsmäßigen Abfluß des Regenwassers gesorgt würde, weil sonst das Wasser oben auf der Terrasse stehen bleiben oder bei größerer Menge über die

Mauer (und Treppen) auf das Trottoir herunter laufen,[59] im Winter aber bei Schnee und Eis gefrieren und die Passage für die Fußgänger sehr unangenehm machen würde, ganz abgesehen davon, daß auch das Mauerwerk darunter leiden würde.

Ich gestatte mir, Ihnen diese Bedenken in Eile mitzuteilen, damit Sie eventuell noch Remedur[60] antreten lassen und Herrn Grün die nötigen Weisungen geben können. Aber Eile thut not, da in einigen Tagen mit der Pflasterung der Terrasse begonnen werden soll.

Hochachtungsvoll
Ihr ergebener Bickel

Johannes Otzen an Friedrich Grün
Ohne Datum[61] auf dem vorstehenden Schreiben:
Brief zu Herrn Reg. Bauführer Grün zur Überlegung zugesandt.
Eine wirkliche rinnenartige Absicherung ist ja nicht möglich; möglich dagegen wäre je ein Sammler auf dem Abdeckungsstein in einer Rinne mit Gefälle und einzubauen Wasserspeiern.

An irgendeiner anderen Stelle hat die Rinne ja keinen Sinn, da immer der untere Theil des Pflasters doch so wie ja das Trottoir unterwässern muß.

Das Gefälle ist doch wie vorgeschrieben gemacht?
Berichten Sie mir morgen über Fortgang der Arbeit.
Der Ihrige, Otzen

---

[59] In den ersten Jahren war die Entwässerung des Kirchendachs nicht an die Kanalisation angeschlossen. Das bedeuet, dass die Regenrohre, die das Wasser von der nicht unbeträchtlichen Dachfläche abfließen ließen, etwa einen Meter über der Terrasse aufhörten und auf diese ihre Fracht entließen.
[60] „Abhilfe".
[61] Wohl am 4. oder 5. 9. 1894

Ferd. Paul Krüger,
Fabrik feiner Beleuchtungs- und Kunstgegenstände
Herrn Regierungs Bauführer Grün
Berlin W. 35, 3. September 1894

Im Besitz Ihres sehr geehrten Schreibens vom 1. d. M. konnte ich erst heut mit Herrn Professor Otzen Rücksprache nehmen. Für die Westvorhalle sollen 2 Wandarme je zu 1 Flamme kommen. Der Preis würde demnach 28 M. pro Stück sein. Theilen Sie mir bitte umgehend mit, ob der Wandanschluß hierfür im rechten Winkel oder ob derselbe grade sein soll. *(Zeichnungen)* Sehen Sie bitte ferner noch, ob für die Deckenkronen der Nebenräume nur zwei Gas-Auslässe vorhanden sind. Der Herr Professor meint, es müßten 6, auf jeder Seite drei sein, für die Hängelampen für je 1 Flamme gemacht werden sollen. Ich fertige inzwischen die Zeichnung dafür an und gebe Ihnen bei Empfang Ihrer werthen Antwort sofort den Preis dafür. Auch die ganze Länge dieser 6 kleinen Kronen bitte ich mir mitzutheilen.

Den Preis von 38 M. pro Wandarm hätten Sie uns schon bewilligen können, da alles, namentlich die Wandarme sehr sehr billig berechnet sind, außerdem aber auch die Arbeiten sehr gut und sehr schnell gemacht werden sollen.

Betreffs der Fertigstellung können Sie unbesorgt sein; ich stelle Alles rechtzeitig fertig. Die Kandelaber erhalten Sie etwas früher, weil dieselben nachvergoldet werden sollen
Mit Hochachtung grüßt
Ferd. Paul Krüger

W. Hawerkamp, Bildhauer[62] - auf Briefpapier des Ateliers Otzen
Herrn Regierungs-Bauführer Grün
Berlin W. 50, 3. September 1894

Bitte mir gütigst mizutheilen, an welchem der vier Evangelisten-Modelle die Hand zerbrochen, Siewerden dieselbe von mir ersetzt bekommen. Ich theile Ihnen dieses mit, damit der Auszahlung der achthundert Mark für die Modelle nichts im Wege steht.
Hochachtungsvoll
W. Hawerkamp

E. F. Walcker
Herrn Kgl. Reg.-Bauführer F. Grün
Ludwigsburg, 3. September 1894

Antwortlich Ihres uns soeben gewordenen Geehrten vom 31. ct. thut es uns leid, auf Ihren Vorschlag, die ganze Tiefe der Orgel von 6,28 m auf nur 5,40 + 0,20 = 5,60 m zu reduzieren nicht mehr eingehen zu können, da der ganze Bau auf Grund Ihrer uns mit Geehrtem vom ... eingesandten Grundrißskizze mit eingeschriebenen Maßen, wovon Lichtpause beiliegt, angelegt wurde & alle einzelnen Teile beinahe fertig gestaltet sind, also nicht mehr abgeändert werden können.

Das Einzige, was möglich ist, wäre ein Zurückrücken der ganzen Orgel um ca. 30 cm, so daß hinter der Schwellwand des II. Manuals kein Gang mehr frei bleibt & also die ganze lichte Tiefe der Orgel vom Gehäuseinneren bis zur rückwärtigen Umfassungsmauer nur noch 6,00 Meter beträgt & müssen wir Sie bitten, Ihre Dispositionen dementsprechend treffen zu wollen.

---

[62] Hawerkamp schuf die Entwürfe für die Evangelisten in der Ringkirche und für das Türrelief der Sakristeitür.

Eine weitere Reduktion der Orgeltiefe ist absolut unthunlich; die Reduktion des Bodens auf 5,40 m im Geviert dagegen uns ganz erwünscht, weil dadurch zwischen dem erhöhten Bodenabsatz und der Gehäuse-Turmlinie ein freier Raum für den Durchgang unserer Rohrleitungen gerschaffen wird.

Die Ihnen angegebenen Maße des Klavierkastens sind als die äußersten Grenzen desselben zu betrachten, um welche herum Sie Ihre decorative Klavierkastenbekleidung zu bauen hätten.

Wir werden schon morgen mit dem Aufbau der Orgel in unserem Saal beginnen & hoffen das Werk Ende der nächsten Woche fertigstellen & dann abbrechen & verpacken zu können.

Wenn Sie uns zum Niederlegen & Herumstellen der Orgelteile in den ersten Tagen nach Ankunft der Sendung den Sängerraum vor der Orgel, womöglich ohne Bänke, zur Verfügung stellen können, werden wir wohl keiner weiteren Nebenräume bedürfen, wenn nötig, können wir ja auf einzelne Teile im Schiff der Kirche lagern.
Hochachtend,
E. F. Walcker

Münchener Glasmalerei W. Auerbach & Co
Herrn Baumeister Grün
Berlin SW., 4. September 1894

Im Anschluß an unser Ergebenes v. 17. August bitten höflich um baldgefällige Übersendung der M. 220 für die Oberlicht-Vergitterung. Herr Prof. Otzen riet uns das Oberlicht, welches am 8. August zur Absendung gelangt, durch Herrn Katz[63] einsetzen zu lassen und würden wir hierfür M 1.- d. qm d. S. rund M. 25.- bewilligen.

---

[63] Von der Wiesbadener Glasmalerei Katz und Zentner.

Wir wären Ihnen dankbar, wenn Sie dieserhalb mit Herrn K. sprechen und uns Mittheilung machen würden, evtl. uns einen dortigen Bleiglaser namentlich machten.

In Erwartung Ihres baldgefälligen Bescheides, zeichnen

Hochachtungsvollst

Münchener Glasmalerei (Stempel)

Stadtbauamt
Herrn Kgl. Reg. Bauführer F. Grün
Wiesbaden, 5. September 1894

Die gefällige Erledigung meines Schreibens vom 25. August... betreffend: Räumung der Baustelle - Ringkirche behufs Ausbau der Straße, sowie Einsendung einer Musterskizze für Mosaikpflasterung und schriftliche Äußerung bezüglich der stadtseitig auf Kosten der Kirchengemeinde besonders ausgeführten Pflasterung, bringe ich hierdurch ergebenst in Erinnerung.

Das Stadtbauamt, Abt. für Straßenbau
J.V. Probeck, Ingenieur

Johannes Otzen
Herrn Reg. Bauf. Grün
Berlin, 8. September 1894

Die unglückliche Ringkirche ist ja wohl bestimmt, bis zu ihrer Vollendung eine Kette von Fatalitäten zu bilden!

Ich kann aus Ihrem Bericht die Dinge nicht klar übersehen und bin in einigen ? auf Vermuthungen angewiesen. Indessen scheint mir so viel klar zu stehen, daß von einem Umbauen des Orgelwerks abgesehen werden muß. Wenn die fragliche Differenz ohne daß Sie bereits am Stellwerk gerührt haben, noch 28 cm beträgt, so rathe ich dazu, das Gestühl[64] vor der Orgel noch

---

[64] Für den Chor waren auf der Orgelempore ursprünglich feste Bänke eingerichtet, die wohl 1960 durch Stühle ersetzt wurden.

etwa um 2 cm pro Reihe dichter zu legen, macht 8 cm – sodann Ihren Dirigentenstand, so weit wie möglich auf die runde Kappe zu schieben und die Entfernung von der letzten Bank bis dahin noch etwas zu vermindern. Da ich keine Copie der letzten definierten Anordnung besitze, so tappe ich auch hier im Dunkeln, ich sollte aber denken, daß eine sorgfältige Überlegung dieser Einrichtung und deren Beschränkung auf noch eben zulässige Maße die Sache erledigen kann, ohne daß wir sie an die große Glocke hängen und damit einen neuen Scandal entfesseln.

Sie müssen also sofort genau das Profil und den Grundriß zeichnen und sich vergewissern, ob Sie die Geschichte nicht in dem vorerwähnten Sinn erledigen können. Ich bin von Dienstag Mittag an auf 8 Tage verreist und beabsichtige am 23ten nach dort zu reisen. Ihr Bericht wird mich also nicht mehr treffen, und ich kann Ihnen ja auch nicht weiter rathen.

Geht's nicht, so muß eine Bank cassiert werden.

An und für sich bin ich ja nicht unzufrieden mit dem Vorrücken des Orgel Prospects, daher wenn möglich direct erledigen.

Bleiben Ihnen Zweifel trotzdem, so müssen Sie die Bau Commission consultieren. Ich werde versuchen, Ihnen nach Montag die Skizzen etc. zu den fehlenden Sachen zu senden. Die zwei Kronen – (warum denn nicht mehr Deckenansätze?) macht Krüger mit, es ist überhaupt ein Glück, daß wenigstens diese Sache in guten Händen.

Ich fürchte mich vor den Katz'schen Kunstproducten[65]. Lassen Sie durch diesen das Oberlicht und das Gitter befestigen und stellen die Kosten dem Auerbach in Rechnung.

---

[65] Buntglasfenster von Katz und Zentner aus Wiesbaden (z.B. die Rundbogenfenster im Erdgeschoss und auf den Emporen).

Die Gedenkplatte wird Berg in Ätzung herstellen, schicken Sie ihm die Maaße, er wird inzwischen überlegen, ob sie hier oder dort gemacht werden soll.
Eilig, Otzen

Wilhelm Gail Wwe., Zimmer- und Baugeschäft
Herrn Reg. Bauführer Grün – Eingeschrieben!
Biebrich am Rhein, 8. September 1894

Bestätige den Empfang Ihres Geehrten vom 6ten d. Mts. & erlaube mir, Ihnen darauffolgendes zu erwiedern:
Vertragsgemäß habe wohl die von mir übernommenen Tischlerarbeiten bis 1ten Juni fertigzustellen, was mir jedoch durch des öftern Abändern der Zeichnungen und Musterstücke Ihrerseits nicht möglich gemacht wurde. Ich habe seiner Zeit alles, worüber ich Zeichnungen, Angabe & Maaße haben konnte, sofort in Angriff genommen & soweit es möglich war, fertig gestellt.

Die Arbeiten an dem Gestühl mußte ich vom 9ten Juli bis 1ten August ganz liegen lassen, da Sie die Brettchen der Rückenlehnen vor dem Zusammenbauen gebeizt haben wollen, was erst am 31ten Juli in Angriff genommen wurde. Von dieser Zeit ab habe die Arbeiten nach Möglichkeit beschleunigt, wovon Sie sich selbst überzeugt haben. Es liegt daher nicht die Schuld an mir, daß die Arbeiten heute noch so weit zurück sind & kann daher von einer Conventionalstrafe keine Rede sein.

Ich werde die Arbeiten so rasch wie irgend möglich fertigstellen, doch kann ich leider die mir gestellten Termine nicht innehalten, da die Zeit zu kurz bemessen ist & durch das eingetretene nasse Wetter auch keinen zweiten Reißboden machen kann. Alle übrigen Schreinerarbeiten, welche noch anderwärts auszuführen habe, lasse ich so lange liegen bis das Gestühl fertiggestellt ist.

Die von mir verlangte Vergütung von Stck. 0,40 ...Gestühl für stärkeres Rahmenholz & Mehrarbeiten von 1/3 ich entschieden beanspruchen, was Ihnen auch schon mit meinem Schreiben vom 8ten & 16ten Mai mittheilte. Ich habe das Gestühl nur unter dieser Bedingung in Angriff genommen ll.[66] m. Schreiben vom 1ten Juni, wogegen Sie seiner Zeit nichts einzuwenden hatten. Das Aufleimen der Keile auf die oberen Theile sämmtlicher Mittelstützen erforderlich zusammen 52 Arbeitsstunden à 0,45 = 23,40, sowie an Holz etc. zu 7,20 - , was Ihnen später zur Rechnung bringen werde

Hochachtend
W. Gail Wwe.

Wiesbadener Glasmalerei und Ätzerei von Katz und Zentner
Herrn Regierungsbauführer Grün
Wiesbaden, 8. September 1894

Antwortlich Ihrer ... Zuschrift sind wir gerne bereit, das Auerbach'sche Oberlicht einzusetzen, wenn es nicht in der kommenden, sondern in der darauffolgenden Woche sein könnte. Die nächste Woche ist es uns absolut unmöglich, Leute hierfür frei zu bekommen, da wir, wie Ihnen bekannt ist, sehr stark beschäftigt & wir durch verschiedene Zufälle mit unseren Lieferungen im Rückstand sind.

Falls Ihnen in der obenerwähnten Zeit noch gedient ist, bitten wir um Ihre gefl. Mittheilung.

Hochachtend
Katz & Zentner

---

[66] loco laudato, lateinisch, am genannten Ort]

Wilhelm Gail Wwe., Zimmer- und Baugeschäft
Herrn Reg. Bauführer Grün – Eingeschrieben!
Biebrich am Rhein, 8. September 1894

Hierdurch möchte Sie höflich ersuchen, mir auf die bis jetzt gelieferten Schreinerarbeiten eine Abschlagszahlung von M 8000,- baldgefällig anweisen zu wollen. Es sind bis heute fertig gestellt:

2/4 des Gestühls im Erdgeschoß,

2/3 des Gestühls auf den Emporen,

das Gestühl der Sängerempore

½ der Wandbekleidung der Vorhallen, sowie die Fenster der Sakristei & der Treppenhäuser.

Hochachtungsvoll
W. Gail Wwe.

Ernst Rittweger, Bildhauer
Herrn Regierungsbauführer Grün
Frankfurt am Main, 9. September 1894

Den in Ihrem Schreiben geäußerten Wunsche des Herrn Pfarrers Veesenmeyer werde ich so weit es mir irgend möglich ist, nachzukommen suchen. Ich werde alles daransetzen, die Sache möglich zu machen.

Hochachtungsvoll
Ernst Rittweger

Regierungs Bauführer Grün
Depeschenkopie an Welcker, Ludwigsburg
Wiesbaden, 10. September 1894
Orgel sofort und ... anliefern.

Grün

Schieferbau-Gewerkschaft „Heiminghaus"
Königl. Regierungsbauführer Grün,
Postkarte aus Fredeburg i. Westf., 10. September 1894

In Verfolg unseres Schreibens vom 28 d.M. benachrichtigen wir Sie, daß die Herren Kurt und Böttger von der Fakturierung[67] des Zifferblatts Abstand nehmen und dasselbe nunmehr direct unsererseits erfolgen wird.
Achtungsvoll!
C.F. Esselbrügge (Eindruck)

Otto Berg, Maler
Herrn Reg. Bauführer Grün
Berlin, 10. September 1894

Herr Professor Otzen schreibt mir, daß in der Ringkirche eine Marmortafel[68] angebracht werden soll. Dürfte ich Sie wohl bitten, mir baldthunlichst die genaue Größe derselben anzugeben, um die Zeichnung für die Inschrift anfertigen zu können. Auch theilen Sie mir wohl gütigst mit, wann dieselbe fertig ist, damit mein Bruder sie dort ätzen kann. Sie lassen die Platte selber doch wohl in Wiesbaden machen?
Hochachtungsvollst
O. Berg

Schieferbau-Gewerkschaft „Heiminghausen",
C.F. Esselbrügge
F. Grün Königl. Reg. Bauführer
Postkarte aus Fredeburg in Westfalen, 11. September 1894

---

[67] Rechnungsstellung.

[68] Leider ist unklar, um was für eine Marmortafel es sich hier handelt. Zwar gibt es im Ostportal eine Inschrift, die auf Johannes Otzen verweist, die ist aber mit dem Meißel in Sandstein gehauen – und nicht in Marmor geätzt.

In ca. 1 Woche nach Bestellung kann die Fertigstellung des Zifferblatts nach Maßgabe unserer Offerte vom 30.v. M. bemerkt werden und sehen wir Ihren werten gefl. Nachrichten gern entgegen.

Achtungsvoll
Schieferbau-Gewerkschaft (Eindruck)

Münchener Glasmalerei M. Auerbach
Herrn Baumeister F. Grün
Postkarte aus Berlin S.W., 13. September 1894

Mit unserem Ergebenen vom 4. August baten um Übersendung von M. 220 für Oberlicht-Vergitterung und Angabe unserer Adresse von Bleiglasern zum Einsetzen des Oberlichtes namentlich Herr Katz – wie uns Herr Prof. Otzen anschlug, – das Einsetzen für M. 25 übernehmen würde. Wir sind hierauf ohne jede Antwort geblieben und bitten ergebenst um Nachricht.

Hochachtungsvollst
Münchener Glasmalerei (Stempel)

Rest des Oberlichts folgt morgen oder senden nächsten Sonnabend ab.

E.F. Walcker & Cie, Orgelbau
Herrn F. Grün, Bauführer
Ludwigsburg, 11. September 1894

Von dem Inhalt Ihres Geehrten von gestern haben wir bestens Kenntniß genommen & beeilen uns, Ihnen hierauf ergebenst zu erwiedern, daß unsererseits kein Hindernis im Wege liegt, für eine rechtzeitige Vollendung der Orgel bis zum 15. October ct., nur müssen wir Sie bitten, gefl. dafür besorgt sein zu wollen, daß wir mit dem Gehäuse keine Maßdifferenzen bekommen.

Sie wollen bitte genau darauf sehen, daß alle unsere dießbezügliche eingeschriebenen Längen- Breiten, Höhen-Maße eingehalten werden & auch die lichten Maße der Pfeifenfelder mit den Angaben übereinstimmen, denn nur ein Centimeter mehr oder weniger kann nachträglich Änderungen möglich machen, die uns tagelang aufhalten.

Den Abbruch & Versandt der Orgel werden wir in nächster Woche vornehmen & für beschleunigte Aufstellung an Ort & Stelle besorgt sein.
Hochachtend
E.F. Walcker. R. Hailer

Philipp Holzmann & Cie.
Herrn Regierungsbauführer Grün
Frankfurt am Main, 14. September 1894

Die Werkstücke zum Altartisch und Taufstein, an welchen Bildhauerarbeiten auszuführen sind, sind somit fertiggestellt und ersuchen wir Sie, uns baldigst das zugehörige Modell zu den Kapitälen des Taufsteins einzusenden. Beifolgend übergeben wir Ihnen eine zugehörige Pause.
Hochachtungsvoll
Unterschrift unleserlich

Philipp Holzmann & Cie.
Herrn Regierungsbauführer Grün
Frankfurt am Main, 17. September 1894

Die zwei Modelle für die Kapitäle haben wir erhalten und wollen Sie nun wie abgesprochen den Bildhauer, Frohnmeiler, umgehend hierherschicken. Bei dieser Gelegenheit bitten wir noch demselben irgendein Motiv für die Ecken an den Säulenbasen mitzugeben, oder es soll sich Frohnmeiler dort ein passendes ansehen.
Hochachtend Philipp Holzmann, Steinmetzabtheilung
Unterschrift unleserlich

Architekt Fritsche[69] im Atelier Otzen
Herrn Regierungsbauführer Grün
Frankfurt am Main, 17. September 1894

Soweit ich es vermag, will ich Ihre Fragen beantworten.

ad 2. Die beiden unteren Felder des Thurms der Ostfront erhalten Blechhüllungen; es folgt die versandte Zeichnung zurück.

ad 3. Die Zeichnung zum Spieltisch erhalten Sie Montag.

ad 4. Ihre Skizze habe ich geändert. Es ist ein Gasrohr nöthig, in das der obere Theil mit Gelenk vorstellbar eingelassen werden kann. Ein Gasrohr von 4 cm genügt, vorstellbar mit einer Klemmschranke darin Stift in das eingesetzte Eisen des verschiebbaren Theils ein wenig eingreift, um sämtliche Drehung aufzuheben. Eine Strebe am Fuß reichte wohl für den … hinderlich sein. Wenn Sie das untere Gestell mit Bändern an der Brüstung befestigen, so genügt dies doch.[70]

ad 5. wegen Tafel muß Herr Prof. entscheiden.

Ad 6. Teppiche und Läufer hat Herr Prof. bei Gerson[71] bestellt; ich will jedoch heute auch nochmals danach erkundigen.

Ad 1. hat wohl Zeit, bis Herr Prof. dort ist.

Es folgen ferner:

    a. Die Nummerntafeln, deren Standorte auf der Zeichnung genau festgelegt sind.

    b. Die Opferbüchsen, von denen wohl 10 Stück zu machen; Bemerkung auf dem Blatt: mit Rosetten und Steinschrauben befestigen.

Ergebenst, Fritsche, Architect

---

[69] Arno Eugen Fritsche (*1858 in Melaune (Niederschlesien); † 1939 in Wuppertal) war ein deutscher Architekt, der insbesondere auf dem Gebiet des evangelischen Kirchenbaus hervortrat. Wikipedia, abgerufen am 29.4.2021. Die Stellungnahmen bleiben unklar, da das bezogene Schreiben fehlt.

[70] Leider bleiben Sinn und Funktion dieser aufwändigen Bastelei dunkel (trotz einer ebenfalls nicht erhellenden Zeichnung).

[71] Herrmann Gerson, vgl. unten Schreiben vom 19.9.1894.

Eisenwerk Joly Wittenberg
Herrn F. Grün, Kgl. Reg.Baumeister
Postkarte aus Wittenberg, 17. September 1894

Ich danke Ihnen verbindlichst für Ihre gefl. Nachfrage vom 16. d. M. und theile Ihnen höflichst mit, dass ich Ihnen binnen Kurzem mit einem Angebot[72] dienen werde.
Hochachtungsvoll
Eisenwerk Joly Wittenberg
i.V. H. Osterthag

Johannes Otzen
Herrn Regierungsbauführer Grün
Postkarte aus Ralswieck[73], 17. September 1894

Ersuche Sie, mir möglichst umgehend nach Berlin Bericht zu erstatten, ob die Reise dispo<sibien?>... zwischen 23. und 30. September für dortige Verhältnisse geht. Ich bin seit dem 11ten fort – weiß also nicht, ob Sie vielleicht schon Übersicht gesandt – auf alle Fälle wird es mir aber lieb sein, am Sonnabend noch Ihre Mittheilung vom Freitag zu erhalten, um disponieren zu können.
Der Ihrige
Otzen

Wilhelm Gail Wwe., Zimmer- und Baugeschäft
Herrn Reg. Bauführer Grün
Biebrich am Rhein, 18. September 1894

Die mir diese Tage gütigst in Auftrag gegeben Schreinerarbeiten erlaube mir Ihnen wie folgt zu offerieren:

---

[72] Vgl unten am 22.9.1894. Es geht um eine Treppe.
[73] Dorf auf Rügen.

1. 2 Stück einfache Dreifüllungsthüren zu den Wandschränken der Sakristei aus 4 cm starkem Kiefernholz , mit 5 cm starkem Blindrahmen, fertig eingesetzt & eingepaßt, ausschließlich Befestigung der Blindrahmen   Mk. 28,00 -
2. 1 Stück 3 cm starkes profiliertes Fensterdeckbrett aus Eichenholz mit Wasserrinne zu dem großen Gangfenster der Sakristei, fertig angeschlagen,   Mk. 14,-
3. 2 Stück Treppchen zur Sängerempore, aus Kiefernholz, die Wangen 5 cm stark, die Trittflächen 4 cm stark & die Setzstufen 2 cm stark, fertig aufgestellt und befestigt pro Stück,   Mk. 36,00 –
4. Eine Brüstungswand vor den oberen Bänken der Sängerempore mit Lesebrett, 3,10 lang, 0,90 hoch nach Zeichnung, aus bestem Kiefernholz fertig angeschlagen,   Mk. 22,-
5. 3 Stück Thürblindrahmen aus 4 cm starkem Kiefernholz zu den drei Anschlagthüren der Vorfallen & der Sakristei fertig eingesetzt, ausschließlich Befestigung, Stück   Mk. 9,50 –
6. Umändern von 6 Stück Emporenbänken, welche nachträglich kürzer gemacht werden mußten, pro Stück   Mk. 4,50 –
7. Profilirte Sockelleisten 5-6 cm hoch, 2 cm stark, aus Kiefernholz zu den Emporen, fertig angeschlagen lauf. Meter, Stück   0,80
Die Sockelleisten zu den Emporen habe noch nicht in Arbeit genommen & erwarte darüber noch Ihren geschätzten Auftrag.

Hochachtend
W. Gail, Wwe.

Münchener Glasmalerei M. Auerbach
Herrn Baumeister F. Grün
Berlin S.W., 18. September 1894

Auf Ihre Nachricht teilen Ihnen ergebenst mit, daß wir nur die Lieferung der Gitter, die lediglich hineingelegt werden sollten, übernommen haben. Sollten Sie eine besondere Befestigung für nötig erachten, so müßte das der dortige Schlosser machen, was ja auch nur eine Kleinigkeit wäre. Demnach hoffen wir, daß Sie uns die M 220.- zusenden werden. Herrn Katz bewilligen wir M. 25 für fix und fertiges Einsetzen des Oberlichts und fügen, da uns dessen Adresse unbekannt ist, ein besonderes Schreiben für ihn bei. Sie haben wohl die Güte, demselben den Brief zu übergeben. Das Oberlicht müßte schon längst dort sein und haben wir schon hier recherchiert, jedoch die bestimmte Auskunft erhalten, daß es prompt an Ihre Adresse abgegangen ist.

Hochachtungsvoll
Müchener Glasmalerei (Stempel)

E.F. Walcker & Cie, Orgelbau
Herrn Bauführer Grün,
Postkarte aus Ludwigsburg, 19. September 1894

Im Besitze Ihrer gestrigen Karte geben wir Ihnen die Versicherung, daß die Orgel am 15. October in der Kirche spielbar ist. Die Orgel wird in dieser Woche hier vollendet werden & schon in den ersten Tagen der nächsten Woche nach dorten abgehen. Je vollständiger wir sie hier fertig machen, desto früher sind wir dort fertig.

Hochachtende
E.F. Walcker

Herrmann Gerson, Kommanditgesellschaft auf Aktien
Herrn Regierungsbauführer Grün
Berlin, 19. September 1894

Zeigen wir hiermit ergebenst an, daß mir ein Auftrag und zur Verfügung des Herrn Professor Otzen, hier per Eilgut

in 1 Ballen III G 5922

1 Perser-Teppich	Nr. 102
1 Perser-Teppich	Nr. 103
1 Perser-Teppich	Nr. 60
1 Mk. Velour	Nr. 8223
1 Mk. Dito Läufer	Nr. 8027

1 Probe blau Satin   Nr. 209
1 Probe oliv Satin   Nr. 200
1 kleine Veloursprobe (ohne Werth) an Ihre werthe Adresse expe-
diert haben, mit der Bitte, diese Sendung gefälligst bis zur Dorthinkunft des
Herrn Professor referiren zu wollen. Wir empfehlen uns Ihnen
Hochachtungsvoll
Herrmann Gerson (Stempel)

Maschinenfabrik W. Philippi,
Herrn Regierungsbauführer Grün
Wiesbaden-Dambachtal, 19. September 1894

Für Ihre werte Anfrage vom 19. cr. höflich dankend, beehre ich mich, Ihnen
zu offerieren:

    a.   1 complete eiserne Treppe ca. 102 Steigungen, nach Angabe mit
           Riffelblechbelag, fertig montiert exkl. Rüstung   Mk. 830.-

    b.   Dieselbe Treppe, mit glattem Blechbelag, excls. Rüstung
                                       Mk. 730,-

Lieferzeit für pos. a.:   6 Wochen
         bei pos. b.:   5 Wochen.
Ihren weiteren Nachrichten gern entgegensehend zeichne ich
Hochachtungsvollst!
W. Philippi

Kunst- & Bauschlosserei W. Hanson
An die Kirchengemeinde dahier
Wiesbaden, 19. September 1894

Hiermit offeriere die 10 stark verzierte schmiedeeiserne Opferbüchsen für
die Ringkirche hier pro Stück für 28 Mark zu liefern
Die 7 Stück Nummerntafeln pro Stück für 35 Mark zu liefern
Hochachtungsvoll,
W. Hanson

Architekt Fritsche im Atelier Otzen
Herrn Reg. Bauführer Grün
Frankfurt am Main, 20. September 1894

Es folgen Übersichtszeichnung und Detail zum Spieltisch; die Füllung(en) sind so gezeichnet, daß ein Herausnehmen aller Füllungen möglich; die Orgelbauer wollen gern zu allen Theilen herankommen. Die Einrichtung des Theiles X *(Vorbau zur Aufnahme der Klaviatur des Spieltisches gemäß Zeichnung)* hat wohl keine Bedeutung, da Ihr übersandtes Profil vollständig darin enthalten.
Ergebenst,
Fritsche, Arch.

Anbei:
- Übersichtsblatt
- und Detail zum Spieltisch

G. Bienwald & Rother, Liegnitz
Herrn Königlichen Bauführer Grün
Liegnitz, 20. September 1894

Die zwei Engel[74] sind bereits am 14. d. Mts. hier abgesandt, und hoffen wir dieselben bereits in Ihrem Besitze.
Hochachtungsvoll
p. G. Bienwald & Rother, Hayn

Heinrich Brock, Spengler und Installateur
an den hochlöblichen Vorstand der III. ev. Kirchengemeinde
Wiesbaden, 21. September 1894
Ich erlaube mir eine Rechnung über Verbindungstheile beizulegen und möchte höflich Vorstand bitten, mir diese kleine Rechnung mit auszuzahlen, da die Verbindungsstücke mitgemessen sind & mir ein Schade von

---

[74] Die beiden Posaunenengel für die Orgelkonsolen...

104,40 Mk. erwachsen ist. Ich habe mir jedes Verbindungsstück 15 Pfg. mehr gerechnet, was noch lange nicht den Preis ausmacht, was gerechnet werden müßte. Es ist an solcher großen umständlichen Arbeit nicht möglich, so genau zu rechnen, daß man zu einem kleinen Verdienst kommt. Auf gütige Willfahrung hoffend,

mit aller Hochachtung

Heinrich Brock,

Maschinenfabrik W. Philippi,

Herrn Reg. Bauf. Grün

Wiesbaden-Dambachtal, 21. September 1894

Hierdurch bestätige ich bestens dankend den mir heute gütigst persönlich ertheilten Auftrag, betr. Gitterbleche, welche ich in nachstehenden Dimensionen mir zur schleunigsten Lieferung notiert habe:

Erdgeschoß, Nordseite:

1.& 2.	385 mm breit 1070 hoch, 1 ½ mm
3.	430 mm breit 1070 hoch, 1 ½ mm
4.5.6.7.8.	420 mm breit, 1070 hoch, 1 ½ mm
9.10.	395 mm breit, 1070 hoch, 1 ½ mm

Erdgeschoß, Südseite

1.	390 mm breit 1070 hoch, 1 ½ mm
2.	395 mm breit 1070 hoch, 1 ½ mm
3. 4.5.6.7.8.	420 mm breit, 1070 hoch, 1 ½ mm
9.10.	395 mm breit, 1070 hoch, 1 ½ mm

Orgelempore:

300 x 470 x 1 ½ mm   4 Stück

385 x 600 x 1 ½ mm   8 Stück, davon

zwei mit je 1 Thürchen 200 x 200

Fußboden, daselbst 6 Stück 170 x 640 x 2 mm

Preis pro qm inkl. Einsetzen   Mk.   12,00

Indem ich Sie noch höflich bitte, an den Sockelleisten zahlreiche Schlitze, ca. 2,5 bis 3 cm hoch, direkt über dem Boden, zum Eintritt kalter Luft anbringen zu lassen[75], zeichne ich

Hochachtungsvollst!

W. Philippi

Eisenwerk Joly Wittenberg
Königlichen Regierungs Baumeister Herrn F. Grün
Wittenberg, 22. September 1894

Ich beehre mich, Ihnen die befragte Podest-Treppe[76] 0,70 m breit, 101 Auftritte, nach Jolys patentierter Construction, mit Rundeisen Handleiste, in Wiesbaden fertig aufgestellt, wie folgt anzubieten:

Lieferzeit 6 – 8 Wochen

Ausgeführt nach Fig. 73 des beifolgenten Kataloges ohne Setzstufen mit Riffelblechbelag   1212 Mark

(Es folgt ein vorgedruckter Text über Produkteigenschaften)

Unter höflicher Bezugnahme auf meine Postkarte vom 17. d. Mts. beehre ich mich, Ihnen vorstehend ein Angebot auf die befragte Treppe zu unterbreiten. Ich habe dieselbe Ihrem Wunsche gemäß ohne Setzstufen mit Riffelblechbelag ausgeführt gedacht veranschlagt und das Geländer der Treppe nach Fig. 73 meines Kataloges angenommen. Die Geländerwange soll nach Fig. 73 bzw. 74 ausgeführt werden, wogegen die Stufen an der Wand durch Flacheisenanker befestigt werden sollen.[77]

---

[75] Solche geheimnisvollen Schlitze gibt es bei den seitlichen Emporentreppen.
[76] Es geht wohl um einen der Aufstiege zu den oberen Turmetage, die auch heute noch Wendeltreppen sind, die oberste heute mit Gitterrost-Stufenauflage.
[77] Mit einer solchen Wandbefestigung ist die erste der beiden Wendeltreppen konstruiert.

Wie ich auß Ihrem werthen Schreiben ersehe, soll die Treppe unabhängig von dem Glockenstuhl construirt werden und bin ich bereit, Ihnen auf Wunsch mit diesbezüglichen Constructionszeichnungen zu dienen. Ich bitte jedoch vorher um genaue Angabe der Mauerstärke sowie der Schnitte in den einzelnen Etagen.

Ich sehe Ihrem geschätzten Auftrage mit Vergnügen entgegen und zeichne

Hochachtend
Eisenwerk Joly Wittenberg

Kurt & Böttger, Abtheilung für Bau-Ausstellungen
Herrn F. Grün, Königl. Reg. Baufhr.
Frankfurt am Main, 22. September 1894

Bestätigen den Empfang Ihres Geehrten vom 15ten d. M. nebst Postkarte vom 19ten d. M. & haben Ihren w. Auftrag dankend vorgemerkt. Unser Werk schreibt und daß die Herstellung des Zifferblattes und 3 cm starke Platten etwas längere Lieferzeit beansprucht. Es fragt an, ob 2 cm starke Platten verwendet werden können. Diese Stärke genügt vollständig & könnte die Lieferung hierdurch beschleunigt werden.

Wir erwarten umgehende Nachricht & zeichnen

Hochachtungsvoll
Kurt & Böttger

Johannes Otzen
Herrn Reg. Bauführer Grün,
Berlin, 22. September 1894

1. Die 4 Kandelaber gehen heute ab, lassen Sie sofort montieren und mit goldocker grundieren.
2. Die übrigen Beleuchtungskörper folgen in wenigen Tagen – dann gleich montieren, aber im Anstrich lassen.
3. Die 25 Wandarme aller Vorplätze habe ich gleich mit hier bestellt, natürlich liefert alles Ihr vortrefflicher Gasonkel.

4. Das Monogram der Außentür folgt bei, das Ornament der Innen-
   thür muß ich dort aus vorhandenen Modelle zusammenstellen.
5. Die Möbelzeichnungen folgen in einigen Tagen, ich selber werde
   voraus schriftlich am 26ten früh auf dem Bauplatz sein.
6. Läufer und Teppich, sowie Stoffproben werden Ihnen inzwischen
   zugehen. Wir suchen, ob wir etwas finden in Wiesbaden, was entspricht.
7. Die Herren Ehrich & Döringer[78] sind aufgefordert, sofort zu beginnen.
8. Beize des Orgelgehäuses bestimme ich erst dort, es geht nicht aus
   Distanz.
9. Die unglückliche Gedenktafel[79] hole der Teufel! Erinnern Sie mich
   an dieselbe; wir wollen die Sache gleich dort mit Berg erledigen, ich
   kann von hier aus nicht die Größe bestimmen.

Der Ihrige
Otzen

Wilhelm Hawerkamp, Bildhauer
Herrn Regierungs Bauführer Grün,
Friedenau[80], 24. September 1894
Da inzwischen das Relief für die Thüre[81] der Ringkirche bei den Herrn Ge-
brüder Neugebauer angelangt sein wird, so ersuche ich Sie, gütigst die Zahlung von 250 Mark für dasselbe beim Herrn Geheimrath Professor Otzen
ordern lassen zu wollen. Außerdem erlaube ich mir zu bitten, die Zahlung

---

[78] Die beiden Neonazarener der Düsseldorfer Schule haben die Sgrafittos links
und rechts der Kanzel und dieselben der Orgelempore gestaltet. (Otzen wird
mit ihrer Arbeit nicht zufrieden sein).
[79] Die geätzte Marmortafel, Erinnerungstafel an einen Spender?
[80] Friedenau wurde im 19. Jahrhundert als Teil von Schöneberg durch den
Mentor Otzens, Carstenn, angelegt, und wurde mit Schöneberg zusammen
1920 zum Ortsteil Berlins. Vgl. wikipedia, abgerufen 2.5. 2021.
[81] Ein symbolisches Portrait Johannes des Täufers .

der 800 Mark für die Modelle der vier Evangelisten über schon seit 3 Wochen die Quittung eingesandt ist, anweisen zu wollen.
Hochachtungsvoll
Wilhelm Hawerkamp

Ferd. Paul Krüger, Kunstschlosserei
Herrn Königlichen Regierungs Bauführer Grün,
Berlin, 24. September 1894

Wie ich Herrn Brodt schon am Sonnabend schrieb, habe ich die 4 Kandelaber bereits nach dort abgesandt, alle ihrigen Beleuchtungs-Gegenstände folgen in einigen Tagen.

Zugleich frug ich wegen der neu Herrn Geheimrath Otzen nachbestellten 25 einfachen Wandarme an und erwartete darauf heut Bescheid, der aber nicht eintraf. Bitte veranlassen Sie doch, daß ich die Antwort umgehend erhalte, denn die Anfertigung dieser Arme nimmt auch ca. 10 Tage in Anspruch.
Hochachtungsvoll
Ferd. Paul Krüger

Maschinenfabrik W. Philippi,
Herrn Reg. Bauf. Grün
Wiesbaden-Dambachtal, 25. September 1894

In höflicher Beantwortung Ihrer Mittheilung vom 24.9.94, theile ich Ihnen ergebenst mit, daß ich die Wangen aus Blech ca. 5 mm dick, ca. 150 mm beit, herstellen würde. Die Befestigung der Podeste soll theils durch Mauernsole, theils durch Hängeisen von oben herunter erfolgen. Das Geländer würde aus ½" Gasrohr hergestellt werden, alle 1,5 bis 2 m eine Abstützung nach der Wange.
Ihren werthen Nachrichten gern entgegensehend, zeichne ich
Hochachtungsvollst! W. Philippi

Kurt & Böttger, Abtheilung für Bau-Ausstellungen
Telegramm an Grün, Wiesbaden, Bau Ringkirche
frankfurtmain, 26. September 1894, 10.30 Uhr
anfertigung 3 centimeter bis 31 unmoeglich wohl 2 centimeter bej drahtantwort = boettger .+

Ferd. Paul Krüger, Kunstschlosserei
Herrn Königlichen Reg. Bauführer Grün,
Berlin W., 26 September 1894

An Herrn Brodt habe ich schon am 22. d.M. den Preis des Wandarmes mit
Hahn und Kerze auf Mk. 10,50 angegeben und heut ihm auch die von Herrn
Prof. Otzen genehmigte Zeichnung. gesandt. Der Herr Professor meint, die
Preis-Angelegenheit müsse dort erledigt werden.

Für Herrn Hirsch habe ich noch die Langhespenbänder[82], auf deren Maaße
ich 2 Monate warten mußte, in Arbeit; dieselben gehen aber morgen mit den
Knöpfen der Pendelthüren[83] nach dort ab, ebenso alle Beleuchtungskörper.

Wegen der Wandarme bitte ich dringend um sofortige Antwort.
Hochachtungsvoll
Ferd. Paul Kröger

Kurt & Böttger, Abtheilung für Bau-Ausstellungen
Herrn F. Grün, Königl. Regr. Baufhr.
Frankfurt am Main, 26. September 1894

Wir besitzen Ihr Geehrtes vom 24ten d. Mts., & bestätigen unsere Depesche:[84]

---

[82] Beschlagteile zur Befestigung von Türblättern.
[83] Die Türen zwischen Eingangshalle und Kirchenraum?
[84] Gleichen Datums, oben Seite 96.

Anfertigung 2 Centimeter bis 31/ unmöglich, wohl 2 Centimeter bei Drahtantwort. Dies ist auch der Inhalt der Depesche, welche wir vom Werk aus erhielten.

Wir bestellten die Platten am 14ten d. M. mit Lieferzeit bis zum 26ten d. M., hierauf erhielten wir am 21ten d. M. die Anfrage, ob die Platten auch 2 cm stark sein könnten, worauf wir bei Ihnen anfrugen. Es scheint demnach, daß 3 cm starke Platten nicht vorrätig sind & deshalb zu dem verlangten Termin nicht geliefert werden können.

Es ist nicht unsere Schuld, daß eine solche Verzögerung stattfand, es ist schwer, mit den Leuten im Werk zu verkehren, da diese eben keine Ahnung von geschäftlichem Verkehr haben.

Auch kann bei der Gestaltung der Platten Bruch vorgekommen sein & kein Ersatz vorhanden. Es ist uns sehr unangenehm, dies Vorkommen, können jedoch nichts ausrichten & erwarten gern gefl. Nachricht, ob die Platten 2 cm stark sein dürfen oder den Auftrag annullieren sollen

Hochachtungsvoll
Kurt & Böttger

Heiminghausen
Telegramm an Grün Kirchbau
Fredeburg, 27. September 1894, 10.35 Uhr

3 Centimeter Zifferblatt auf sofortige Drahtnachricht Ende künftiger Woche lieferbar[85]
Heiminghausen

---

[85] Im Gegensatz zum Telegramm aus Frankfurt ist diese Depesche handschriftlich ausgeführt, während die vorige aus Textbändern zusammengeklebt wurde.

E.F. Walcker & Cie, Orgelbau
Sr. Hochwürden, dem Herrn Pfarrer Bickel,
Ludwigsburg, 27. September 1894

Im Verfolge des Ergebenen vom 19. ct. teilen wir Ihnen heute ergebenst mit, daß die Orgel augenblicklich verpackt & morgen noch in einem Möbelwagen zur Bahn gebracht werden wird, um dort in einem geschloßenen großen württembergischen F Waggon umgeladen zu werden, d.h. wir werden den Möbelwagen entladen & die einzelnen Orgelteile im Waggon direct unterbringen, um an Ort & Stelle möglichst wenig, durch Auspacken von Kisten aufgehalten zu sein.

Mit Herrn Spediteur Rettenmayer[86] dort, haben wir uns bereits in Verbindung gesetzt & ihn gebeten, uns einen bis zwei Möbelwagen zum Beiführen zur Verfügung zu stellen. Die Orgel wird am Sonntag oder Montag dort eintreffen.

Nun erfahren wir soeben von unserem Stimmer, Herrn Großjohann, der sich gestern gelegentlich seiner Anwesenheit in Wiesbaden bei Stimmung der Orgel in der Hauptkirche, die neue Reformationskirche angesehen hat, daß auf der Orgelempore noch nichts aufgeräumt & nicht geputzt sei, auch sei die Empore so voll Bänken, daß wir keinen Platz hätten zum Niederlegen & Sortieren unserer Orgelteile.

Wie wir Sie schon in unserem Ergebenen vom 3. ct. gebeten haben, uns den Sängerraum vor der Orgel in den ersten Tagen wenigstens zum Niederlegen & Herumstellen der Orgelteile ohne Bänke zur Verfügung stellen zu wollen, möchten wir Sie auch heute höflich bitten, uns hierfür Raum schaffen & dafür besorgt sein zu wollen, daß der Orgelraum bis Montag aufgeräumt & geputzt ist, damit wir in gar keiner Weise aufgehalten sind & in nächster Woche richtig aufstellen können. Für eine kurze dießbezügliche Zuschrift wären wir Ihnen dankbar!

Hochachtend
E.F. Walcker & Cie

---

[86] Die Spedition L. Rettenmeyer war noch bis vor wenigen Jahren im Christof-Ruthof-Weg 7 in Mainz-Kastel tätig.

E.F. Walcker & Cie, Orgelbau
Sr. Hochwürden, dem Herrn Pfarrer Bickel,
Ludwigsburg, 27. September 1894

Im Verfolge des Ergebenen vom 19. ct. teilen wir Ihnen heute weiter mit, daß die Orgel augenblicklich verpackt & morgen früh in einen württemberggroßen F Waggon verladen wird & daselbst etwa am Sonntag oder Montag eintreffen dürfte.

Nun erfahren wir heute von unserem Stimmer, Herr Großjohann, der in den letzten Tagen mit Stimmung der Hauptkirchenorgel[87] dort, beschäftigt war & sich gestern die neue Reformationskirche angesehen hat, daß auf der Orgelempore weder etwas aufgeräumt, noch geputzt sei, überhaupt die Orgelempore so voll Bänken stehe, daß wir keinen Platz hätten zum Niederlegen & Sortieren der Orgelteile.

Wir haben uns sofort an H. Bauführer Grün gewandt mit der Bitte, dafür besorgt sein zu wollen, daß der Orgelraum bis Montag vollständig geräumt, gereinigt & zur Aufnahme der Orgel parat gestellt sei & haben ihn außerdem heute wiederholt gebeten, uns doch wenigstens für die ersten Tage zum Niederlegen & Herumstellen unserer Orgelteile den Sängerraum vor der Orgel ohne Bänke zur Verfügung stellen zu wollen.

Wir möchten nun Sie, geehrter Herr Pfarrer, höflich bitten, unserem Ansuchen bei H. Grün gütigst Nachdruck verleihen zu wollen, damit wir am Montag oder Dienstag ungehindert mit der Aufstellung beginnen & ohne Aufenthalt weiterarbeiten können.

Für Ihre diesbezügliche Verwendung empfangen Sie zum Voraus unseren besten Dank
Hochachtend
E.F. Walcker & Cie

---

[87] Gemeint ist die Orgel der Marktkirche in Wiesbaden.

Münchener Glasmalerei M. Auerbach
Herrn Baumeister F. Grün
Berlin S.W., 28. September 1894

Wie Ihnen bekannt, hatte H. Katz das Einsetzen des Oberlichts für M 25 übernommen, derselbe teilte uns vor 4 Tagen mit, daß das Einsetzen sehr schwierig wäre und wir die Nebenarbeiten im Tagelohn bezahlen sollten, um keine Differenzen zu haben, bewilligten wir M 40, weil wir sicher glaubten, daß er mit dem Einsetzen schon lange begonnen; gestern erhielten wir jedoch die Nachricht, daß er auch mit diesem Betrage nicht zufrieden ist.

Wir bitten Sie daher höflichst, diese Arbeit von einem der vielen kleinen Meister (Bleiglaser) dort schnellstens ausführen zu lassen und glauben, daß die von uns ursprünglich bewilligten M 25 – genügen werden. Besten Dank im Voraus.
Hochachtungsvoll
Münchener Glasmalerei (Stempel)

Oscar Greiss
Herrn Regierungsbaumeister F. Grün
Postkarte aus Frankfurt a. M., 28. September 1894

Wiewohl ich gestern den ganzen Tag in Wiesbaden verblieb, konnte ich Sie doch nicht antreffen. Sollten Sie eine Aussprache vor Bestellung der Treppe für nothwendig halten, falls Sie gelegentlich hierherkommen, mich besuchen wollen, erbitte ich Sie, mir gefl. Ihren Besuch vorher zu avisieren, damit Sie mich sicher antreffen. Mit der gelben Pferdebahn Hauptbahnhof – Bornheim fahrenSie bis zum Merianplatz, dann sind es noch wenige Schritte (Sandweg 89).
Hochachtungsvoll
Oscar Greiss

E.F. Walcker & Cie, Orgelbau
Herrn kgl. Regierungsbauführer F. Grün,
Visitenkarte aus Ludwigsburg, 29. September 1894

Der Überbringer dieses, unser Joseph Langenstein, ist beauftragt, das Ausladen & Verbringen der Orgel in die Kirche zu beaufsichtigen & mit der Aufstellung zu beginnen & ersuchen wir Sie ergebenst, denselben mit Rat & That an die Hand gehen zu wollen.
Hochachtend,
E.F. Walcker & Cie

Julius & Adolph Hartmann, Vergoldungen
Herrn Regierungsbauführer F. Grün,
Wiesbaden, 27. September 1894

Hiermit bitten wir Sie, uns gefälligst „Vierhundert Mark" auf die gefertigten Vergoldungen anweisen zu wollen
Hochachtungsvoll
Julius & Adolph Hartmann

P.S. Beifolgende Beschläge sind Muster der Panzerschuppenfarbe.[88]
Wir wollen die Eichenholzthüren gerne beizen und wäre uns lieb, wenn Sie eine Bestimmung treffen wollten, in welchem Ton nach oben übersandten Mustern die Thüren gebeizt werden sollen, damit dieselben zum Anschlagen fertig gestellt werden können.
Die Beschläge werden heute fertig.
Es wäre gut, wenn die Beschläge der Blindrahmen vor dem Anschlagen gestrichen würden und die Blindrahmen vorher gebeizt werden könnten bis zum … , damit beides recht sauber wird.
Hochachtend,
die Obigen

---

[88] Panzer sind die Opferbüchsen am Hauptausgang, deren letzte im Jahr 2020 gerstohlen worden ist.

Kurt & Böttger,
Herrn F. Grün, Königl. Reg. Bauführer.
Frankfurt am Main, 29. September 1894

Von unserem Schieferbergwerk Heiminghausen erhalten heute die Mittheilung, daß Sie die Platten für das Zifferblatt direct bestellt haben. Wir erklären uns damit einverstanden, daß das Werk die Lieferung für eigene Rechnung direct vornimmt und treten hiermit von besagtem Geschäfte zurück.
Hochachtungsvoll
Kurt & Böttger

Stadt-Bauamt, Abtheilung für Strassenbau
an die Bauleitung der Ringkirche,
z. H. des Königl. Regierungs Bauführer Herrn Grün
Wiesbaden, 30. September 1894

Antwortlich Ihres gefälligen Schreibens vom 11. d. Mts. erwidern wir ergebenst, daß bezüglich den von Ihren Grundgräbern aus Versehen unter das Straßenniveau ausgeschachteten, von Ihnen auf ca. 2 cbm. angegebenen Bodenmassen der Bauleitung reichlich Äquivalent geboten werden, ist durch städtischerseits abgeschachtete bezw. noch abzuschachtende Erdmasse, welche die Kirchenbauverwaltung zu beseitigen verpflichtet war, die aber behufs Beschleunigung des Fortgangs der Arbeiten des Straßenausbaus städtischerseits angeschafft worden sind bezw. werden, ohne daß hierfür besondere Aufrechnungen erfolgen.

An der südwestlichen Ecke vor dem Schmidt-Casella'schen Grundstück sind die übernormalen Erdarbeiten noch nicht vollständig bewirkt; wir ersuchen deshalb ergebenst, den Rest baldgefälligst erledigen zu wollen, anderenfalls später bei definitivem Ausbau des Trottoirs diese übernormalen Arbeiten stadtseitig auf Kosten der Kirchengemeinde zur Ausführung gelangen müßten.

Bezüglich der Befestigung des Osttrottoirs zwischen der Terrasse und dem zur Ringstraße abgetretenen Gelände ist, dem Wunsche der Bauleitung entsprechend, auf der dem gelben Fries eine Musterung nicht vorgenommen worden; die mehrfarbige Musterung des Westtrottoirs vor der Freitreppe wurde dagegen diesseits für zweckmäßig erachtet und zur Ausführung gebracht.

Mit dem Pflastermeister Hofmann ist diesseits vereinbart worden, daß er die Pflasterung dieses Trottoirs zu dem gleichen Preise für die Stadt herstellt, welchen er vertraglich von der Kirchengemeinde für die Mosaikpflasterung auf der Terrasse erhält, und da p. Hofmann Zahlung wünscht, so ersuchen wir die Bauleitung ergebenst, uns den mit p. Hofmann vereinbarten Einheitspreis einschließlich Material- und Sandgestellung baldgefälligst mittheilen zu wollen.

Das Stadtbauamt II, Ritter

Die ab 2016 erneuerte Terrasse der Ringkirche, wieder in Mosaikpflaster gestaltet. Die Begrenzung ist die originale, nur restauriert. Im Hintergrund der Südeingang, jetzt mit der damals schon angeregten, aber noch nicht realisierten Rollstuhlrampe.

Altarraum mit originalen Sedilien auf dem Terrazzo/Mosaikpflaster-Boden des Altarpodests der Fa. Otto Gasmus, Mainz.

Johannes Otzen
Herrn Reg. Bauführer Grün,
Postkarte aus Wannsee, 2. Oktober 1894

Es wäre mir lieb, wenn zu dem Besuch des Collegen der Herr Organist und Balgentreter am Platze wären; ich möchte gern selbst die Akustik hören und vorführen,
der Ihrige, Otzen

wohne Rhein-Hotel

Ernst Rittweger, Bildhauer
F. Grün, Königl. Reg. Bauführer.
Frankfurt am Main, 2. October 1894

Theile Ihnen ergebenst mit, daß die erste Figur Wilhelm von Oranien fertiggestellt ist und volle Zustimmung des Herrn Professors Luthmer[89] gefunden hat. Mit der Steinausführung kann in den nächsten Tagen begonnen werden. Beiliegende Photographie ist nach dem fertigen Thonmodell aufgenommen. Mit dem anderen Modell Gustavs Adolfs bin ich vollauf beschäftigt.
Hochachtungsvoll
Ernst Rittweger

Gebr. Neugebauer, Schreinerei mit Dampfbetrieb
Herrn Reg. Bauführer Grün
Wiesbaden, 2. October 1894

Wir beehren uns für die Ringkirche zu offerieren:

---

[89] Ferdinand Luthmer (* 4. Juni 1842 in Köln; † 23. Januar 1921 in Frankfurt am Main) war ein deutscher Architekt, Konservator und Fachpublizist für Burgenforschung, Professor an der Kunstgewerbeschule. Vgl. wikipedia, abgerufen am 3.5.2021.

2 Bänke, seitlich der Orgel, nach Zeichnung, in reinem amerikanischem Kiefernholz, fertig aufgestellt pro Bank   Mk. 47,-
Hochachtend
Gebr. Neugebauer

E. Arnold, Kunst Glaserei
Herrn Reg. Baumeister Grün
Wiesbaden, ohne Datum

Höflichst bitte ich, mir wenn möglich bis Samstag etwa 200 anzuweisen, die ganze Arbeit wird noch an 500 M betragen, es ist alles fertig bis auf die Spurenschlizen einzusetzen.
Hochachtend
E. Arnold

Cirkular,[90]
(Bekanntgabe an die Gewerke,
die den Empfang abzeichnen mussten)
Wiesbaden, 2. October 1894

Den Herren Unternehmern wird hierdurch bekanntgemacht, daß die Kirchenkasse zur Auszahlung der Gratifikationen für die Arbeiter an die Arbeitgeber angewiesen ist. Die Beträge wollte man thunlichst heute noch abheben gegen persönliche Quittung und mit der Verpflichtung, die Quittungen der einzelnen Empfänger der Kirchenkasse innerhalb 8 Tagen einzuliefern.
Bauleitung der Ringkirche,
F. Grün, Reg. Bfhr.

---

[90] Auch wenn es nicht um einen großen Betrag ging: Dieser Aktion verdanken wir, dass wenigstens die Gesellen und Lehrlinge von ihren Firmen namentlich genannt werden. Siehe unten.

An die Herren:
H. Böhles, W. Gail Wwe., W. Philippi, F. Kleidt, H. Brodt, E. Arnold, Katz
& Zentner, Schlosser Carl Unkelbach, Carl Th. Wagner, J. u. A. Hartmann,
F. Hirsch, Wendler & Koch, Dachdecker Schneider

E.F. Walcker & Cie, Orgelbau
Herrn Bauführer F. Grün,
Ludwigsburg, 3. Oktober 1894

Antwortlich Ihres uns soeben gewordenen Geehrten vom 2. ct. thut es uns
leid, daß bezüglich der Verkleidung des Klavierkastens eine Meinungsver-
schiedenheit besteht, insofern, als Herr Professor Otzen dieselbe als im Preis
des Orgelwerkes enthalten betrachtet, während dieselbe doch ganz unzwei-
felhaft wie das Gehäuse einen Dekorationen Teil der Orgel bildet & sich in
der architektonischen Durchbildung diesem ja auch innig anschließen muß.

Was man im Allgemeinen bei Einreichung eines Kostenanschlages unter
dem Clavierkasten versteht, kann nichts anderes sein als ein einfacher Kasten samt Einrichtung & verschließbarem Rolldeckel & ebenso einfacher
Sitzbank (s.u. Disposition v.w. Jan. 94 unter Rubrik, Uebrige Bestandteile
Absatz 3) wie er einen integrierenden Teil der Orgel als Instrument bildet,
denn wir können ja im Voraus gar nie wissen, ob wir auch mit der Dekorationen Ausstattung der Orgel (dem Gehäuse), zu der auch selbstredend die
dazu passende Dekoration Verkleidung des Clavierkastens gehört, betraut
werden.

Wir sind gerne bereit, Ihrem Wunsche gemäß diese Arbeit nachträglich &
so rasch wie nur irgend möglich in Übereinstimmung mit der uns gefl. ge-
sendeten Zeichnung auszuführen, müssen uns aber selbstredend vorbehalten, Ihnen die Kosten hiefür extra zu berechnen.

Ob es gelingen wird, diese Verkleidung, die doch ziemlich viel Arbeit macht,
so rasch fertig zu stellen, daß sie bis Ende nächster Woche schon dortsein

kann, ist sehr fraglich & müssen wir Sie bitten, sich eben noch einige Tage länger damit gedulden zu wollen.

Wir bedauern nur, daß Sie uns nicht schon früher über diesen Punkt Mitteilung machten, denn nachdem wir Ihnen am 29. August darüber ganz unzweideutig schrieben & die genauen Maße für Herrn Neugebauer einsandten & Sie uns auch am 31. August diesbezüglich antworteten, dürften wir doch annehmen, daß darüber gar kein Zweifel bestehe & die Verkleidung von Herrn Neugebauer mit dem Gehäus bereits fertig gestellt werden.

An der Tiefe X des Klavierkastens ist, nachdem derselbe fertig & diese überhaupt durch die Einrichtung gegeben ist, nichts mehr zu ändern.

Auf die heute Vormittag, von uns seit gestern bereits dort anwesenden Monteure nach Wiesbaden abgereist & wird diesen in wenigen Tagen auch unser Herr Eberhard Walcker, der die Aufstellung leitet, nachfolgen.
Hochachtend
E.F. Walcker & Cie

Eisenwerk Joly Wittenberg
regierungsbaumeister gruen wiesbaden
Telegramm aus: wittenberg, 4. Oktober 1894, 11:28 Uhr

Treppe figur 88 oberer theil mit kiefernbelag mark 13,50 eichenbelag 14,50 Figur 88 unterer theil feuersicher kiefernbelag 16,30 eichenbelag 17,30 brief folgt = joly +

Eisenwerk Joly Wittenberg
An den Königlichen Regierungs-Baumeister Herrn F. Grün
Wittenberg, 4. Oktober 1894

Auf Ihr gestriges Telegramm, lautend:
„Bitte ungefähren Preis für einfache Spindelwendeltreppe 800 Halbmesser" erwiderte ich Ihnen heute:
„Treppe Fig. 88 oberer Theil mit Kiefernbelag   M 13,50

Eisenbelag	M 14,50
Fig. 88 unterer Theil feuersicher, Kiefernbelag	M 16,30
Eisenbelag	M 17,30

Brief folgt,"

was ich hiermit bestätige und bemerke ergebenst, daß obige Preise nur generelle sind. Eine genaue Offerte kann ich Ihnen nur an Hand spezieller Unterlagen machen und bitte ich höflichst um gefällige detaillierte Angaben über die Ausführung der Treppe. Die Podeste, sowie der An- und Austritt sind in den genannten Preisen nicht mit einbegriffen, sondern werden besonders berechnet.

Im Übrigen verstehen sich die Preise einschließlich Montage. Ausgeschlossen von meiner Lieferung sind indessen die Maurerarbeiten, sowie die Anfuhr der Treppentheile vom Bahnhof zur Verwendungsstelle; unserem Monteur ist kostenlos ein Hilfsarbeiter zu stellen.

Ich sehe Ihren geschätzten weiteren Mittheilungen gerne entgegen, empfehle mich Ihnen und zeichne

Hochachtend
Eisenwerk Joly Wittenberg, Joly

P.S. Mache besonders darauf aufmerksam, daß die Treppen nach patentierter Construction ... angenommen sind; gußeiserne Wandkappen, ...

Münchener Glasmalerei M. Auerbach
Herrn Baumeister F. Grün
Postkarte aus Berlin S.W., 5. Oktober 1894

Wir haben Sie in unserem letzten Schreiben um die uns zustehende á Conto Zahlung, sowie Begleichung der Nota für Vergitterung, die wir nur auf speciellen Wunsch des Herrn Professor Otzen übernommen und sofort selbst baar bezahlen mußten. Sie haben daher wohl die Güte, uns nunmehr umgehend eine größere Zahlung zu leisten.

Hochachtungsvoll, Münchener Glasmalerei (Stempel)

Bauführer Grün,
an Atelier Johannes Otzen
Telegrammkopien, 6. Oktober 1894

Lauck, Atelier Otzen, Berlin, Kurfürstendamm 26
Walckers Zeichnung, Spieltisch in Eilbrief senden, Grün

Otzen, Wannsee
Ist Bergpredigt südlich richtig?[91]
(darunter Bleistiftskizze von Sakristeitür, ohne erkennbaren Zusammenhang)

E.F. Walcker & Cie, Orgelbau
Herrn Bauführer F. Grün,
Ludwigsburg, 9. Oktober 1894

Antwortlich Ihres Geehrten vom 8.ct. scheinen Sie nicht in den Besitz unseres Ergebenen vom 3. ct. gekommen zu sein. Wir beeilen uns, daßselbe Ihnen inliegend Copie unseres Briefes zu übersenden.
Wie Sie aus derselben ersehen, haben wir allerdings um keinen Aufenthalt zu verursachen, die Verkleidung sofort in Arbeit genommen, aber mit unter dem Vorbehalt Ihnen die Kosten hierfür extra mitzugeben.
Um der Gemeinde entgegenzukommen erklären wir und heute bereit, nur Mk 156- für die Verkleidung in Anrechnung zu bringen, möchten Sie aber gleichzeitig höflich bitten, da wir keine Freunde von Streitigkeiten & nachträglichen Differenzen sind, die Sache jetzt gleich in dieser Weise zuregeln, d.h. diese Extraberechnung # einfach zu acceptieren.
Wir erbitten uns Ihren gefl. umgehenden Bescheid & zeichnen
Hochachtungsvoll
E.F. Walcker & Cie

die gewiß sehr mäßig ist

---

[91] Frage zielt wohl auf das Thema des Sgrafittos, rechts der Kanzel (Süden). Es zeigt Jesus vor Hörerinnen und Hörern wie in der Bergpredigt.

Wilhelm Gail Wwe., Zimmer- und Baugeschäft
Herrn Regierungs Bauführer Grün
Biebrich am Rhein, 9. Oktober 1894

Hierdurch erlaube mir, Ihnen einliegend 1 Rechnung für die Fa. C. J. Ullrich in Apolda für gelieferte Beihülfe bei Veränderung der Glockenschwängel zu übernehmen. Ich bitte Sie doch gefl. den Betrag an dessen Rechnung zu kürzen, resp. zu unseren Gunsten gutzuschreiben, worüber ich höflich um Mittheilung bitte.
Hochachtend!
W. Gail, Wwe.

Maschinenfabrik W. Philippi,
Herrn Regierungsbauführer Grün
Wiesbaden-Dambachtal, 9.Oktober 1894

Hierdurch bestätige ich Ihnen den mir gütigst ertheilten Auftrag betreffend aus

1 ...Wendeltreppe, 1600 mm Durchmesser, welche ich mir gemäß meiner Offerte vom 2. & 3.ct. zum Gesammtpreise von   Mk. 1025,- dankend notiert habe.

Die Ablieferung der Treppe werde ich nach Möglichkeit beschleunigen & empfehle mich Ihnen inzwischen
Hochachtend
W. Philippi

Johannes Otzen
Herrn Reg. Bauführer Grün,
Berlin, 11. Oktober 1894

Beifolgend der Taufstein mit dem Abänderungswunsch. Sehen Sie zu, was die Sache kostet und ob ders. Pastor Veesenmeyer nicht die Kleinigkeit noch dafür übrig hat.

Dafür habe ich das Johannes Relief um 50 Mark gedrückt.[92] Ich beabsichtige am 26ten Abends in Frankfurt einzutreffen und könnte über Wiesbaden nach Ludwigshafen fahren am 27ten, wenn erwünscht wäre, wie ich wohl glaube.

Da ich nun den Mannheimer sowie diverse andere Architectur Vereine am 27ten Nachmittags in Ludwigshafen führen muß, so muß ich vorher wissen, wann ich dort eintreffe.

Könnte also etwa am 9 – 11 am Bau sein.

Haben Sie die Güte, mir zu berichten, wie die Dinge laufen
Ihr ergebener
Otzen

Sorgen Sie bitte, daß Hawerkamp sein Geld bald bekommt, es ist ein armer Teufel. Vorname und Geburtsort von Botte – dessen Zeugniß beiliegt, ist mir entfallen, bitte nachfügen.

Wilhelm Gail Wwe., Zimmer- und Baugeschäft
Herrn Reg. Bauführer Grün
Biebrich am Rhein, 11. Oktober 1894

Auf Ihre gefl. Anfrage offeriere Ihnen 2 gehobelte Fahnenstangen[93] à 11m lang nebst gedrehte Knopf pro Stück zu Mk. 15,00 und zwar bei umgehender Bestellung bis morgen Abend zu liefern.
Hochachtungsvoll
W. Gail Wwe.

---

[92] Die Türdekoration an der Sakristeitür.
[93] Diese liegen bis heute nutzlos im Turm, ihre Befestigungsanker wurden bei der Turmrestaurierung nicht mehr angebracht. Manache Fahne, die aus dem Ringkirchen-Turm gehangen hat, haben ihr weder zur Ehre noch zur Zierde gereicht...

Carl Friedrich Ulrich, Glockengießereien
Regierungs Bauführer Grün
Apolda, 11. Oktober 1894

Erlaube mir die ergebene Anfrage, ob ich nun die Restzahlung für die Glocken erhalten kann, und würde für baldige Anweisung sehr dankbar sein.
Mit vorzüglicher Hochachtung
Ergebenst Carl Friedrich Ulrich

Carl Meier, Dachdeckermeister
An Herrn Königl. Reg. Bauführer F. Grün
Berlin, 13. Oktober 1894

Ich habe für den Neubau der Reformationskirche 9.563 Mark 50 Pfg. Caution gestellt, diese Caution könnte ich jetzt anderweitig verwenden und habe ich daher die Absicht, um Retournierung meiner Caution zu bitten und möchte ich Sie höflich bitten, mir doch umgehend mittheilen zu wollen bei wem ich den Antrag stellen kann, ich werde nöthigenfalls meinen Bruder, Alexander Meier, als Bürge vorschlagen. Ihrer gefälligen Benachrichtigung entgegen sehend, zeichnet
Hochachtungsvoll
Carl Meier

A. Graff, Steinhandel
Herrn Reg. Baum. F. Grün
Londorf, 13. Oktober 1894

In höflicher Beantwortung Ihres Geehrten vom 10.ct., bitten wir Sie ergebenst, den Bestand der dortlagernden Steine gütigst aufnehmen und uns mittheilen zu wollen, sowie den Herren J. & G. Adrian, dort, die nöthigen Anweisungen zu geben, da wir dieselben mit der Abfuhr betrauten.
Hochachtend,
Fa. A. Graff&Co

P.S. Einliegend senden Ihnen den Frachtbrief zurück, da scheinbar eine Verwechslung vorliegt.

Münchener Glasmalerei M. Auerbach
Herrn Baumeister F. Grün
Berlin S.W., 13. Oktober 1894

In Folge Ihrer ms. Karte ließen wir sofort die gewünschten Streifen neu malen und brennen und senden solche inliegend zur gefl. Benutzung. Quittung über empfangene M. 800 fügen bei, indem wir der Restzahlung entgegensehen. Mit bestem Dank
Hochachtungsvoll
Münchener Glasmalerei (Stempel)

Johannes Otzen
Herrn Reg. Bauführer Grün,
Postkarte aus Wannsee, 14. Oktober 1894

Seine Majestär der Kaiser werden nicht zur Kirche kommen, Sie brauchen sich also nicht in Unkosten zu stürzen.[94]
Welches Resultat hat die Beleuchtung von unten und oben?
Otzen

W. Winter, Architekt und Steinhändler
An die verehrliche Bauverwaltung der Reformationskirche
Wiesbaden, 16. Oktober 1894

Wunschgemäß übersende Ihnen die II. Nachtragsrechnung der Schwellen am hinteren Eingang mit zusammen: 113,23 M.

---

[94] Vermutlich meint er in eine entsprechende Garderobe.

Da ich für die Stellung der Caution Sorge getragen habe, so bitte ich ergebenst, nunmehr die Auszahlung der Restsumme gefälligst anweisen zu wollen. Eine irrtümlich an mich gesandte Rechnung des Herrn Böhles füge ich hier bei.

Mit aller Hochachtung
W. Winter

Johannes Otzen
Herrn Reg. Bauf. Grün,
Berlin W. 50, 18. Oktober 1894

Ihre Anfragen vom 14/10 trafen mich abwesend; es ist überhaupt bedenklich bei meinen vielen Reisen so kurze Antworten daraus zu setzen. Indessen hätte ich auch sowieso in der Figura ?[95] nicht interveniert. Das läßt sich per Telegramm nicht thun.

Ich werde, da ich schon am 28ten Abends wieder in Wiesbaden bin, nicht auch am 27ten kommen. Es ist eine zu arge Hetzjagd. Am 29ten früh bin ich auf dem Bau und auf den 29ten, 3 Uhr, habe ich die Collegen von Wiesbaden, Mainz, Frankfurt, Darmstadt, Mannheim usw. zur Besichtigung eingeladen. Sprechen Sie mit Ihrem Vorsitzenden, ob wir am Abend vielleicht etwas zusammen sein wollen. – Am 27ten – 2 Uhr ist Besichtigung in Ludwigshafen.

Herr Berg ist schon vorgestern nach dort abgereist, wird also wohl bei der Arbeit sein.

Ein Weihungsschlüssel[96] liegt bei – muß im Voraus vergoldet werden.
II. Fragebogen.

---

[95] Fragezeichen Otzens; unklar worum es sich hier handelt
[96] Der Zeremonialschlüssel, den der Architekt am 31. 10. 1894 dem Superintendenten überreichen wird, der ihm dann dem ersten Pfarrer gab.

a. Das Steinmaß[97] ist richtig, das Parament falsch gefertigt, machen Sie den Rahmen provisorisch so viel kleiner, daß das Überflüssige umgebogen werden kann. So breit dabei der braune Streifen an den Seiten bleibt – so breit muß er auch unten werden. Oben sieht man ihn weniger.

b. Es ist durchaus <u>nicht</u> meine Absicht, den Läuferstoff als Vorhang zu verwenden. Die Sache ist z.Z. nur unerledigt geblieben. Ich will versuchen, dort oder hier noch Besseres aufzutreiben.

c. Die Laternen[98] müssen jedenfalls durchsichtig mit stärkstem, ganz weißem 4/4 Glase verglast werden. Immerhin könnte es wohl Bleiverglasung in kleinen Rauten und schmalem Blei werden, wenn der Etat reicht. Ich bin noch ohne Bericht von Ihnen mit der Beleuchtung, dagegen in recht lebhafter Sorge. Wie sind die Figuren geworden?

Otzen

Maschinenfabrik W. Philippi,
Herrn Reg. Bauführer Grün
Wiesbaden-Dambachtal, 18.Oktober 1894

Den Empfang Ihres Geehrten vom 16.ct. höflichst bestätigend, erlaube ich mir Ihnen auf Ihre verschiedenen Anfragen Folgendes zu erwidern:

Die Wendeltreppe habe ich sofort in Arbeit genommen & hoffe, wenn die Gußtheile rechtzeitig angeliefert werden, die Treppe bis zum 27. ct. fertigstellen zu können.

---

[97] Hier muss es um den Altar gehen – oder um die Kanzel…

[98] Zwei alte Laternchen standen bis zu ihrer Restaurierung gegenüber der Rheinstraße; sie werden planmäßig 2022 wieder aufgestellt, in ihnen waren Reste der rautenförmigen Bleiverglasung zu erkennen.

Bevor die Treppe nicht fertig ist, läßt sich die gewünschte Schablone nicht genau anfertigen. Da durch den Guß eventuell kleine Differenzen enstehen könnten & möchte ich Sie deshalb bitten, damit noch zu warten.

Die bestellten Gitterbleche sind erst gestern vom Werke eingetroffen und werden morgen angebracht.

Heute Nachmittag sandte ich Ihnen durch einen Schlosser 2 Heizungsinstructionen zu & hatte ich diesen Arbeiter beauftragt, die Maaße für die nachträglich an den Luftflügeln anzubringenden Blechstreifen zu nehmen.

Zu dem Probeheizen am Freitagabend[99] werde ich selbst kommen.

Von Ihrer Einladung zum Festzug habe ich Kenntniß genommen & werde ich 3 Mann bestimmen. Ihrem Wunsche gemäß gebe ich Ihnen nachstehend eine Aufstellung, derjenigen Arbeiter, die unter den Zahlreichen, an den Arbeiten für die Ringkirche beschäftigt gewesenen Leute aus meiner Fabrik, nach meiner Ansicht verdienen, eine Gratification zu erhalten.[100]
Hochachtend
für W. Philippi, W. Fischer

Eisenconstructionen:	Werkmeister Höfer; Monteur Schaaf,
Schlossergehälter:	Wolff, Witt, Stortz, Kuntze, Ross, Stickel.
Heizung:	Monteur Ebel, Blankenburg, F. Ehrhardt.
	Monteurgehilfen: Hopf & Seibel

Johannes Otzen
Herrn Reg. Bauführer Grün,
Berlin W. 50, 20. Oktober 1894
Die Sache ist richtig, wie ich befürchtet habe! Sobald das Oberlicht nicht ausreicht, steht alles andere dann Kopf. – Da ich inzwischen von Herrn Pastor Veesenmeyer auch einen Verzweiflungsschrei erhalten habe, bleibt

---

[99] Am Freitag, den 19.10.1894.
[100] Hier werden Namen der an der Kirche Arbeitenden genannt werden! ...

nichts übrig als den Versuch zu machen, zu bessern, was zu bessern geht, so lange bis mit electrischem Licht auch das Oberlicht intensiv genug geworden ist.[101]

Ich bitte Sie, demnach, so bald wie möglich folgende Änderungen vorzunehmen:

1. Sperren Sie von den 5 Flammen der Kandelaber diejenige (a) ab, welche nach der Orgelempore leuchtet.
2. Versuchen Sie, ohne die 2 Wandarme der Orgel Nische auszukommen, bezw. Sie durch je 1 Flamme zu ersetzen, damit Orgelempore nicht heller wird als absolut für die Sache der Noten erforderlich.
3. Die beiden Dienste haben ja wohl den Radius der Eckdienste. Wir könnten demnach die zwei schönen Wandarme der Orgelempore abnehmen und hier anbringen – die Zuleitung ist jedefalls nur möglich mittels durchbohren des Thürrahmens bei (b) oben, so daß Sie nur die Leitung von dem zunächstliegenden Eckdienst zu nehmen haben. Die höhere Lage (blau)[102] ist ja bequemer, aber ich fürchte
   a. daß das Licht hier die Emporenbesucher stört.
   b. daß die Wandarme zu lang sind, d.h. höher als das Maaß x *(auf Skizze etwa bei 2,90 m)*
   Besser ist es jedenfalls, die rothe Stellung zu nehmen, wobei das Loch schräg zu bohren ist.
4. Geht die Sache, so können wir ja immer noch später die Wandarme 3-5flammig machen und damit alles andere tadl *(tadellos?)*. Auf der Sängerempore schadet ja auch ein Provisorium nicht.
5. Ergänzen Sie das Kanzellicht durch ein zweites an der anderen Seite
6. Lassen Sie gleich – oder nachdem Sie gesehen, daß es anders nicht geht, eine Rohrleitung vom Pfosten R nach der ✱-Stelle legen, und

---

[101] Was gegen die Grundidee wirkte, war die Tatsache, dass das Oberlicht aus einem Großteil grünen Glases zusammengesetzt ist, der Farbe, die am meisten Licht absorbiert. Zudem ist die Entfernung von der Kuppel zum Boden zu groß. - Auch die späteren Bogenlampen konnten nicht überzeugen.
[102] Die erklärende Skizze ist leider nicht überliefert.

stellen hier je einen provisorischen Kandelaber auf mit je 5 Flammen. Anstatt der rothen können Sie ja auch die blaue Leitung nehmen.

Diese Maaßgaben zusammen werden die Sache schon völlig anders gestalten. Hoffentlich haben Sie intelligente Kräfte zur Ausführung.

In Eile, Ihr ergebener

Otzen

Johannes Otzen
Herrn Reg. Bauführer Grün,
Berlin W. 50, 23. Oktober 1894

Nach den erhaltenen Mittheilungen zu rechnen, kommen zum 29., 3 Uhr ziemlich viel Völker und auch die Studenten von Darmstadt.[103]

Sorgen Sie, daß die Hauptzeichnungen ausgehängt sind (unter einer Empore und, daß ich neben dem Altar ein großes, vertikal aufgestelltes Reißbrett finde, auf welches Sie einige dünne Papierbahnen über einander zwicken auf denen sichs gut mit Kohle zeichnet.
Weiche Oberfläche
Kohle und Wischtuch dabei.

Warum kommen die Modelle nicht an? Schieben Sie die Sache nicht bis zuletzt auf.

Ebenso bitte dringend, die Abrechnungen so zu fördern, daß Sie mir am 30ten die Sache darlegen können; Abschrift für mich machen lassen, die der Zusammenstellung, da man mich bei der Einleitung des Baus in der Honorarfage nicht grade nobel behandelt hat, will ich, in den übrigen Sachen auf das Gesetz bestehen.

---

[103] Zu der ersten Kirchenführung vor Architekten, die oben angekündigt war, am Montag, den 29.10. um 15 Uhr.

Also entweder die s. Z. bewilligte Überschreitung der veranschlagten Steinhauer Arbeiten ist hornorarfrei, dagegen werden die Ausstattungssachen
nach Klasse V behandelt. Kanzelwand, Altar, Taufstein, Orgel, Parament,
Stickerei, etc. mit 11 %.

Oder das Ganze wird mit dem Prozentsatz 4,3 behandelt.

Terrasse wohl im ersten Falle mit 5,3 oder 6,25.

Vielleicht stellen wir beides auf zur Auswahl für denKirchen Vorstand. Hoffentlich haben wir gutes Wetter!

Ihr ergebener

Otzen

Es folgt die Vorladung zur Bauabnahme in einer verkleinerten Kopie des Originals:

Vorladung zur baupolizeilichen Abnahme: Ein fast vertrauter Vordruck mit nur wenigen handschriftlichen Eintragungen und dann noch in einer Antiqua, statt einer Fraktur-Schrift!

KÖNIGLICHE
KREISBAUINSPECTION II
WIESBADEN.

Wiesbaden, den *24. Oktober* 1894.

Jour. No. *2276.*

Ew. Wohlgeboren werden hiermit benachrichtigt, dass die *III.* baupolizeiliche Abnahme de~~s~~ *III. ev. Kirche, am Kaiser-Friedrich-Ring,* am *25ten Oktober, (Ant)* mittags *11½* Uhr stattfinden soll. Ich ersuche Sie ergebenst, sich persönlich einzufinden oder durch Ihren bauleitenden Architecten, beziehungsweise einen Bevollmächtigten, vertreten zu lassen.

Die genehmigten Bauprojecte und statischen Berechnungen wollen Sie mitbringen. Für die sichere Zugänglichkeit der Räume und Bereitstellung der für die Prüfung erforderlichen Arbeitskräfte ersuche ich gefälligst Sorge zu tragen.

Die Arbeiten in dem Bau sind während der Abnahme einzustellen.

Der Kgl. Kreis-Bauinspector.

An
Herrn *(F. Grün,*
Kgl. Reg. Bauführer,
Wohlgeboren

Hier
Strasse No.

123

Wilhelm Gail Wwe., Zimmer- und Baugeschäft
Herrn Reg. Bauführer Grün
Wiesbaden, 24. Oktober 1894

In höflicher Erwiederung Ihres Werthen vom 16. d.M. erlaube mir Ihnen hiedurch nachstehend das gewüschte Verzeichnis der am Neubau der Ringkirche thätig gewesenen Zimmerleute zu geben.
Hochachtungsvoll
W. Gail Wwe.

<u>Polier</u>:   Wilhelm Krieger, Friedrich Nortmann

<u>Zimmerleute</u>:   W. Sternberger jun., W. Sternberger sen., L. Bierbrauer, Chr. Diehl, Hch. Hahn, W. Silbereisen, M. Kaiser, Chr. Fries, Hch. Mehl, Andr. Schmitt.

G. Knodt, Fabrik für Blech- und Metallwaren
Herrn Architect Grün
Bockenheim bei Frankfurt a. M., 24. Oktober 1894

Einliegend erlaube mir Ihnen über die an der Ringkirche ausgefertigten Arbeiten eine Aufstellung zu übersenden & werde mir erlauben, Sie in den nächsten Tagen zu besuchen, um über dieselben Rücksprache behufs der Rechnungsstellung zu nehmen. Inzwischen empfehle mich Ihnen
Hochachtungsvollst
G.Knodt

Fa. H. Gerson, Teppichwaren
Herrn Kgl. Reg. Bauführer Grün
Postkarte aus Berlin W., 24. Oktober 1894

Die Firma Hermann Gerson hierselbst reichte kürzlich an Herrn Prof. Otzen eine Rechnung über 3 Ihnen gesandte Teppiche ein, Herr Prof. Otzen

ersucht der genannten Firma gefälligst umgehend die nicht gewünschten
Teppiche zurückzusenden, falls dies nicht inzwischen schon geschehen ist.
Hochachtungsvoll
i.A. Laurck

Johannes Otzen
Herrn Reg. Bauführer Grün,
Berlin W. 50, 25. Oktober 1894

<Bringen> die super decidirte Rechnung von Hasenohr zur endlichen Erledigung. Der Antrag ist berechtigt und muß von mir anerkannt werden.
- Wie es möglich ist, daß bei Ihnen eine Bildhauerrechnung für Ludwigshafen – die ins falsche Couvert gelangt war, obgleich Ludwigshafen 2 mal darauf stand, durch einfaches Durchstreichen v. L. und Einsetzen von Wiesbaden in eine Rechnung für Wiesbaden verwandelt werden konnte – ist mir schleierhaft.
Dann aber bleibt die Sache auch noch von Anfang September an liegen und der wirklich arme Teufel hungert lustig weiter!! Bitte, bitte, die Sache ist anders *(Zusatz mit Bleistift zugefügt)*
- Ich sehe die Möglichkeit nicht ein, wie wir in der Beleuchtungssache noch bis zur Einweihung etwas Definitives schaffen können. Leider habe ich es übersehen, daß die Wandarme auf *(Zeichnung Dienstrelief)* basieren und sind sie daher hier nicht zu gebrauchen.
Reservieren Sie eine gewisse Summe des Beleuchtungs Conto für 2 Kandelaber und 2 große neue 3flammige Wandarme an den Hauptdiensten mit großer Ausladung und stellen eine provisorische Sache her. Ich will die Formen dieser Körper dort am 30ten zeichnen, nachdem ich erst gesehen, wie die Sache werden muß.

Die beiden Wandarme lassen Sie, nachdem Sie die 2 Flammen abgeschnitten und in 1flammige geändert haben – wieder an den alten Platz setzen. Natürlich wird man schreien – aber – ich mache mir nichts daraus.

Am 29ten nach dunkel werden, muß ich die Beleuchtung sehen. Von morgen an bin ich fort.
Ihr ergebener
Otzen

Wilhelm Gail Wwe., Zimmer-
und Baugeschäft
an Herrn Reg.
Bauführer Grün
Wiesbaden,
25. Oktober 1894

Im Anschluß an mein Ergebenes vom gestrigen Datum, erlaube mir, Ih-nen noch mizutheilen, daß ich für die Arbeiterdeputation beim Festzug die nachfolgenden beiden Zimmerleute in Vorschlag zu bringen erlaube.
Hochachtungsvoll!
W. Gail Wwe.

Zimmergeselle Hch. Hahn
Zimmergeselle W. Sternberger jun.

Herrmann Hasenohr
Herrn Reg. Baumeister Grün
Dresden, 25. Oktober 1894

Erlaube mir ergebenst anzufragen, ob ich Ihnen schon eine Rechnung über ... zu den Holzschnitzeien des Orgelprospectes schon gesandt habe und bitte um gütige Antwort.
Hochachtungsvoll, H. Hasenohr

Fr. Wendler & C. Koch, Schlossermeister
Herrn Baumeister Grün
Wiesbaden, 27. Oktober 1894

Sagen hierdurch unseren besten Dank für die Einladung zur Theilnahme an der Einweihung der Ringkirche aus und werden uns beide daran betheiligen.

Ferner geben umstehend die Gesellen und Lehrlinge an, welche am Bau der Kirche gearbeitet haben.
Hochachtungsvoll
Fr. Wendler & C. Koch

Namen der Gesellen:
Hch. Weygandt, Ant. Weygandt, Hch. Kleerbaum, Hch. Letzerich, K. Schleucher, Herm. Faust

Namen der Lehrlinge:
Jac. Weckbacher, Ad. Wagner, Jean Müller

Der im Zuge mitgehende Geselle ist:
Heinr. Weygandt

Jacob Walther, Stuccateur & Tüncher
Herrn Regierungsbaumeister Grün
Wiesbaden, 27. Oktober 1894

Ihrem Wunsche entsprechend, teile Ihnen die Namen der Arbeiter mit, die während längerer Zeit am Neubau der Ringkirche beschäftigt waren.
Gehülfen:
Wilh. Dörr, Wilh. Wagner, Joh. Freund, Karl Florreich, Wilh. Höhn, Wilh. Koller, Joh. Klopper, Jos. Hauck, Wilh. Schwein, Karl Wintermeyer, Peter Bullmann, Georg Altenheimer, Wilh. Mauer, Phil. Mauer

Taglöhner: Jos. Strieder, Amand Weber, Frank Horst, Wilh. Lambertie

Lehrlinge: Aug. Kappes, Joh. Färber

Für den Festzug gestatte ich mir, die beiden Gehülfen, Wilh. Dörr und Wilh. Wagner vorzuschlagen.

Hochachtend
Jacob Walther

E. Arnold, Kunstglaserei
Herrn Reg.-Baumeister Grün
Wiebaden, 27. Oktober 1894

Meine Gehilfen, welche an der Ringkirche gearbeitet, sind
   a. K. Pöschmann
   b. L. Gretscha.
Beide verheiratet und seit langem Mitglieder des Christlichen Arbeitervereins, einer seit langem Vorstandsmitglied.

Lehrling ... Wilh. Benz.

Pöschmann wird den Zug mitmachen
Hochachtend
E. Arnold

E.F. Walcker, Orgelbau
Regierungsbaufuehrer gruen
Telegramm aus Ludwigsburg, 28 Oktober 1894, 6,08 Uhr
= freitag[104] eilgut abgegangen = walcker +

---

[104] Freitag, 26.10 1894.

Maschinenfabrik W. Philippi,
Bauleitung der Ringkirche
Wiesbaden-Dambachtal, 29.Oktober 1894

Höflichst Bezug nehmend auf die mit Ihnen gehabten Unterredungen, wollen Sie gefl. veranlassen:

1. daß in dem Thurmzimmer, in welchem das Rervoir von der Heizung aufgestellt ist, die Fensterlöcher verschlossen werden.
2. sämmtliche Fenster müssen durch Cement verdichtet werden,
3. der Raum unter dem Reservoir-Zimmer muß als Aufenthaltsraum für den Heizer hergerichtet werden, sodaß sich der Heizer während der Nachtzeit darin aufhalten kann; die Gasleitung müßte wohl auch in diesen Raum geleitet werden.
4. Für den Heizer müssen Schlüssel zu dem großen Gitterthor, rechten Eingang, Heizraum, Reservoirraum, sowie dem unteren Kirchenschiff angefertigt werden.

Hochachtungsvollst!
W. Philippi

Verkleinerte Kopie zeigt die Vorladung des Oberingenieurs J. Brix zur gesund-heitstechnischen Revision der Ringkirche durch die Abtheilung für Canalisationswesen vom 29. Oktober 1894.

XVIII. Nur nicht abreisen, bevor alles erledigt ist!
- November 1894

Philipp Holzmann
Herrn Regierungsbauführer Grün,
Frankfurt a. M., 3. November 1894

Ihr geschätztes Schreiben vom 1.ct. kam erst heute in unseren Besitz und beehren wir uns, Ihnen mitzutheilen, daß wir Ihnen die Gesammtrechnung Mitte der nächsten Woche einsenden werden.
Hochachtungsvoll
Philipp Holzmann, Unterschrift unleserlich

Wilh. Gail Wwe.
Herrn Reg. Bauführer Grün,
Frankfurt a. M., 5. November 1894

Auf Ihr gefl. Anfrage, erlaube wir Ihnen zu offerieren:
Ein Notenpult für den Dirigenten[105] aus bestem Kiefernholz nach Zeichnung, zu liefern, an die Brüstungswand anzupassen und zu befestigen.
M 16,00-
Etwa erforderliche Befestigungseisen oder Beschlagtheile sind nicht in dem Preise einbegriffen.

Ihrem geschätzten Auftrage sehe gerne entgegen & zeichne
Hochachtend
W. Gail Wwe.

---

[105] Wohl auf der Sängerempore hinter dem Giebel, ist es heute noch im Dienst.

Philipp Holzmann & Cie
Herrn Regierungsbauführer Grün,
Frankfurt a. M., 7. November 1894

In der Einlage beehren wir uns Ihnen Rechnung mit 7 Anlagen betreffend unsere Lieferung zum Bau der III. evangelischen Kirche in Wiesbaden im Betrage von M. 182.016,38 zur gefälligen Revision zu überreichen.

Wir empfingen hiermit nachstehende Abschlagszahlungen:

1892	September	19.	M. 36.000 –
1892	December	23.	M. 27.000.-
1893	Juli	07.	M. 20.000.-
1893	Juli	14.	M. 10.000.-
1893	August	28.	M. 7.250.-
1893	October	05.	M. 40.000.-
1894	Februar	03.	M. 20.000.-
	Zusammen:		**M. 160.250**

Und bitten Sie, uns die definitive Abwicklung noch einige Zeit in Anspruch nehmen dürfte, gefälligst einstweilen noch eine á Conto-Zahlung von M. 15.000 anweisen zu wollen.

Hochachtungsvoll
Philipp Holzmann, Unterschrift unleserlich

Johannes Otzen
Herrn Reg. Bauführer Grün,
Berlin W. 50, 8. November 1894

Beifügend 3 zusammengefaßte Rechnungen werden durch ...Excellenz von Grolmann[106] bezahlt.

---

[106] Die Frau Generalin von Grolmann ist die Spenderin, zum Beispiel von Altar und Vasa sacra und verbirgt sich hinter der Aufschrift „gestiftet von den Frauen und Jungfauen Wiesbasdens".

Ferner gehören dahin:
1. Alle Arbeiten an Altar inclus. Platten[107]
2. Parament und weiße Decke
3. Podiumteppich
4. Stoff und Bezug der Kanzel.
5. Bibelpult
6. Treppenläufer und Teppich in der Kanzel inclusive Stangen.

Dagegen bin ich wenigstens nicht berechtigt den Vorhang vor der Kanzeltür[108] den Damen in Rechnung zu stellen, die leicht aber übernehmen ihn mit.

Die Preisabgabe, den Auerbach für die Gibber (?[109]) ist nicht frei Wiesbaden erfolgt, also das Porto wohl von der Kirchenkasse zu tragen.

Die Frage nach der moralischen Ursache der Pos. 3 und 7 wollen wir auf sich beruhen lassen, die Modelle... sind ja dem Orgelprospect sehr zugute gekommen; die Rechtsfrage nach dem Eigentum der Modelle liegt nicht so einfach, lassen wir dafür erst die Herren entscheiden.

Der Ihrige Otzen

**Nur nicht abreisen,
bevor alles erledigt ist**

**Friedrich Grün
Retourierte Postkarte an den Kirchenrechner Hillesheim,
Wiesbaden, 9. November 1894**
Der Betrag von 7 M. 71 Pf., worüber Sie Zuweisung besitzen, ist an den Maurermeister Held und Franke, Berlin, Oranienstraße direkt einzuzahlen - ohne Abzug für ...

---

[107] Im Ursprung war der Altar mit Kacheln belegt, die das Wiesbadener Lilienzeichen trugen. (Um 2000 durch neutrale Kacheln ersetzt).
[108] Bevor die Schwingtüren hinter der Kanzel eingebaut wurden, hing dort eine reich gemusterte Portiere.
[109] Der Spitzname der Mosbacher kann hier nicht gemeint sein. – Aber was?

Freundlicher Gruß!
F. Grün

Königliche Polizei-Direction
an die evangelische Kirchengemeinde
z. Hdn. Regierungsbauführer Friedrich Grün,
Wiesbaden, 9. November 1894

(Vordruck eines handge-
schriebenen Textes mit
originalschriftlichen Ein-
fügungen)
Unter Bezugnahme
auf den § 84 der Poli-
zei-Verordnung vom
1. August 1889 wird
der evangelischen Kir-
chengemeinde hier-
mit bescheinigt, daß
die vorschriftsmäßige Ausführung sämmtlicher gesundheitstechnischen
Anlagen auf dem Grundstück Kaiser-Friedrich-Ring No. 9[110] errichteten
Kirche festgestellt worden ist.
Mueli (handschriftliche Unterschrift)

Carl Friedrich Ulrich, Glockengießereien
Ohne Adressaten,
Apolda und Allenstein, 10. November 1894

Die Welle (?) habe heute früh an Ihre rechte Adresse per ...gut abgesandt,
die eingebohrten Löcher passen in die betroffenen Löcher des Stuhles.

---

[110] Zumindest heute steht die Ringkirche auf dem Grundstück Kaiser-Friedrich-Ring 7!

Mit anzüglicher Hochachtung,
ergebenst Ulrich

Das letzte Wort in diesem Band hat der Architekt und damit
Regisseur eines monumentalen Bauprozesses, Johannes Otzen:

Johannes Otzen
Herrn Reg. Bauführer Grün,
Berlin W. 50, 12. November 1894

Ich mache Sie darauf aufmerksam, daß Herr W. Philippi á Conto Heizung
noch eine Rechnung des Herrn Geh. Rath Prof. Rietschel zu zahlen hat, welche ich bislang noch nicht erhalten habe.

Ich bitte daher veranlassen zu wollen, daß rot. 200 Mk. Für diesen Fall reser-
viert werden, damit wir nicht in Verlegenheit gerathen.
Hochachtungsvoll
J. Otzen

Ich habe doch schon mitgetheilt, daß ich selbst durchaus Abschrift der Ab-
rechnungs Schlußsumme haben muß.

Vier Herzfelder der Fensterrosetten tragen die Symbole der Evangelisten, die sich auch über dem Altarraum befinden. Hier der Löwe des Evangelisten Markus. Das Markusevangelium endet:

„Und der Herr wirkte mit ihnen und bekräftigte das Wort durch die mitfolgenden Zeichen."

G. Chronologie dieses Bandes 2/1894

Datum	Vorgang	Seite
Juni /Juli	Anfang Juli: Basaltlava Verkleidung der Terrassenmauer wird eingebaut.	89
5. Juli	Heizung wird fertiggestellt	
6. Juli	Heizung der Ringkirche wird erstmals befeuert.	9f
7. Juli	Einsendeschluss für Entwürfe zu Ritterskulpturen am Osteingang.	12
7. Juli	Metallenes Taufbecken wird von Berlin abgeschickt	12
15. Juli	Probeeinbau der Buntglasfenster	13
15. Juli	Otzen prüft die Fensterentwürfe in der Ringkirche.	15
	Mitte Juli, Ernst Rittweger lässt sich die Maße für die Ritterfiguren schicken.	18
30. Juli	Das Experiment „Kirchenbeleuchtung durchs Oberlicht" beginnt.	30f
30. Juli	Der Orgelprospekt wird errichtet.	32
August		
10. August	Kompliment Otzens an Grün wegen „schneidigen Vorgehens"	44
10. August	Ein Brief berichtet vom Schicksal des ersten Bauführers Lieblein („Irrenanstalt").	43
13. August	Klötze aus bestem Olsbrücker Sandstein für die Evangelisten-Skulpturen werden bestellt.	49
16. August	Avisierter Kaiserbesuch der Baustelle (fand wohl nicht statt).	25/ 29/31
18. August	Zwei Posaunenengel aus Keramik werden hergestellt.	56

September		
8.Sept.	Otzen nennt die Baustelle wegen ihrer vielen „Fatalitäten" die „unglückliche Ringkirche". Otzen erwähnt hier eine geätzte Marmor-Gedenktafel – wozu? Wo?	80
14. Sept.	Holzmann meldet, dass Altartisch und Taufstein fertiggestellt sind.	87
18. Sept.	Auerbach teilt mit, daß das Oberlicht komplett abgesendet wurde.	90
24. Sept.	W. Haverkamp hat ein Johannes (der Täufer) Relief für die Sakristeitür entworfen. Wird durch Gebr. Neugebauer geschnitzt.	98
Oktober		
4.Oktober	Monteure von Walcker reisen nach Wiesbaden	110f
10.Okt.	Otzen betzeichnet Hawerkamp als „armen Teufel".	116
14. Okt.	Kaiser wird nicht zur Einweihung kommen.	117
18. Okt.	Otzen schickt Zeremonialschlüssel, der vergoldet bei der Einweihung an die Kirche überreicht wird.	119
20. Okt.	Die Beleuchtung durch das Oberlicht erweist sich elf Tage vor der Einweihung als gescheitert.	121
25. Okt.	Otzen bezeichnet auch H. Hasenohr als „armen Teufel", der hungern müsse.	125
31.Okt.	Einweihung – siehe 1. Quellenband	
November		
8.Nov.	Otzen nennt Generalin Marie von Grolmann als Spenderin.	133

H. Literatur zum Apparat:

Meyers Kleines Konversations Lexikon, Leipzig und Wien, 1893.

Wikipedia, diverse Stichworte

I. Abbildungsnachweis

Mit herzlichem Dank für die freundliche Genehmigung der Rechteinhaber (so weit feststellbar), Seitenzahlen

Archiv der Ev. Ringkirchengemeinde:
16,20,22,25, 27, 31, 32, 33, 37, 42, 44, 67, 72, 77, 124, 125, 128, 132, 136,

Gmelin, Ralf-Andreas
Kapitelvignette, Titelseite vorn, Türendreiecke, 11, 34, 62, 73, 106, 107, 138.

Otzen, Johannes, Ausgeführte Bauten:
3, 34, 72,

Unbekannte Fotographie:
Umschlagseite hinten

K. Index

Die Schreibweise entspricht der in den Texten verwendeten Orthographie. Personen sind fett gesetzt.

146